A você, que comprou este livro:

Este livro tem por objetivo orientar aqueles que desejam amparar e auxiliar todos que precisam de ajuda espiritual. É um pouco da nossa experiência no trabalho em nosso hospital.

Que as instruções aqui contidas o auxiliem a tratar todos que sofrem.

Faça-se útil à Espiritualidade que o envolve em todos os lugares.

Equipe Amor e Caridade

BOOK ESPÍRITA EDITORA

Capa
Marco Mancen

Projeto Gráfico / Diagramação
Mancen Editorial

Imagens capa e miolo
Foto Hospital + arte digital

Revisão
Iara

Marketing e Comercial
Michelle Santos

Pedidos de Livros e Contato Editorial
comercial@bookespirita.com.br

1ª edição
Prefixo Editorial: 991053
Impresso no Brasil

Dados Internacionais de Catalogação na Publicação (CIP)
(Câmara Brasileira do Livro, SP, Brasil)

Barbosa, Osmar
Hospital amor e caridade : obreiros do bem / Osmar Barbosa. -- 1. ed. -- Niterói, RJ : Osmar B Santos, 2024.

ISBN 978-65-89628-52-1

1. Amor 2. Caridade 3. Doutrina espírita 4. Espiritismo I. Título.

24-217563 CDD-133.901

Índices para catálogo sistemático:

1. Doutrina espírita : Espiritismo 133.901

Tábata Alves da Silva - Bibliotecária - CRB-8/9253

HOSPITAL AMOR E CARIDADE
Obreiros do Bem

Book Espírita Editora
1ª Edição
| Rio de Janeiro | 2024 |

OSMAR BARBOSA

Outros livros psicografados por Osmar Barbosa

Compre em:

www.compralivro.com.br

1. *Cinco Dias no Umbral*
2. *Gitano – As Vidas do Cigano Rodrigo*
3. *O Guardião da Luz*
4. *Orai & Vigiai*
5. *Colônia Espiritual Amor e Caridade*
6. *Ondas da Vida*
7. *Antes que a Morte nos Separe*
8. *Além do Ser – A História de um Suicida*
9. *A Batalha dos Iluminados*
10. *Joana D'Arc – O Amor Venceu*
11. *Eu Sou Exu*
12. *500 Almas*
13. *Cinco Dias no Umbral – O Resgate*
14. *Entre nossas Vidas*
15. *O Amanhã nos Pertence*
16. *O Lado Azul da Vida*
17. *Mãe,Voltei!*
18. *Depois*
19. *O Lado Oculto da Vida*
20. *Entrevista com Espíritos – Os Bastidores do Centro Espírita*
21. *Colônia Espiritual Amor e Caridade – Dias de Luz*
22. *O Médico de Deus*
23. *Amigo Fiel*
24. *Impuros – A Legião de Exus*
25. *Vinde à Mim*
26. *Autismo – A escolha de Nicolas*
27. *Umbanda para Iniciantes*
28. *Parafraseando Chico Xavier*

29. *Cinco Dias no Umbral – O Perdão*
30. *Acordei no Umbral*
31. *A Rosa do Cairo*
32. *Deixe-me Nascer*
33. *Obssessor*
34. *Regeneração – Uma Nova Era*
35. *Dica do Dia - Com Osmar Barbosa*
36. *Deametria – Hospital Espiritual Amor e Caridade*
37. *A Vida depois da Morte*
38. *Deametria – A Desobsessão Modernizada*
39. *O Suicídio de Ana*
40. *Cinco Dias no Umbral – O Limite*
41. *Guardião – Exu*
42. *Colônia Espiritual Laços Eternos*
43. *Despertando o Espiritual*
44. *Por que Você Morreu?*
45. *Aconteceu no Umbral*
46. *O Diário de um Suicida*
47. *Superior Tribunal Espiritual*
48. *Bem-vindo ao Umbral*
49. *O Diário de um Morto*
50. *Exilados do Planeta Terra*
51. *Um Espírita no Umbral*
52. *A Garota do Balão*
53. *O Outro Lado da Vida*
54. *Um Obsessor no Centro Espírita*
55. *Orientações do Além*
56. *Em Busca do Tempo Perdido*
57. *O Livro Proibido - Marabô*
58. *Depressão - A vida sem mim*

O autor doou todos os direitos desta obra à Fraternidade Espírita Amor e Caridade.
www.hospitalamorecaridade.org

Conheça um pouco mais de Osmar Barbosa:
www.osmarbarbosa.com.br

Recomendamos a leitura dos
outros livros psicografados por
Osmar Barbosa para maior
familiarização com os Espíritos
que estão neste livro.

O Editor.

Agradecimentos

Agradeço primeiramente a Deus, por ter me concedido esse verdadeiro privilégio de servir humildemente como um mero instrumento dos planos superiores.

Agradeço a Jesus Cristo, espírito modelo, por guiar, conduzir e inspirar meus passos nesta desafiadora jornada terrena.

Agradeço aos meus mentores espirituais e aos demais espíritos, ao lado dos quais tenho a honra e o privilégio de passar alguns dias de minha vida trabalhando e aprendendo no socorro espiritual que me é permitido nesta encarnação. Agradeço aos médiuns, voluntários, auxiliares, amigos, parceiros e colaboradores em geral.

Agradeço, ainda, pela oportunidade e por permitirem que estas humildes palavras, registradas neste livro, auxiliem as pessoas a refletirem sobre suas atitudes, evoluindo.

E agradeço a você, leitor amigo, que comprou este livro e que, com sua colaboração, nos ajudará a levar a Doutrina Espírita e todos os seus benefícios a mais e mais pessoas.

Obrigado!

A todos, os meus mais sinceros agradecimentos.

Osmar Barbosa

Quem é Osmar Barbosa?

Um pouco da minha história.

Um pouco da minha história.

Sou médium, dirigente, expositor, mas, acima de tudo, humano!

Cresci em São Gonçalo, no Rio de Janeiro, onde tive minhas primeiras experiências mediúnicas. Ainda na infância, tive a oportunidade de conviver com uma pessoa maravilhosa, que, na Terra, foi a minha mãe, Aurora Barbosa.

Com ela, aprendi a ser gente, amar as pessoas e valorizar tudo e todos. Acho que aprendi também a ser simples em minha maneira de ver o mundo.

De formação católica, conheci a Doutrina Espírita por orientação de companheiros espirituais, tendo ingressado no movimento espírita em 1976, no Grupo Espírita Frei Fabiano de Cristo, dirigido pela saudosa amiga Carolina Araújo.

Mais tarde, fundei a Casa Espírita de Oração Luz do Oriente, hoje chamada Fraternidade Espírita Amor e Caridade, onde no momento atuo como presidente em Itaipu, Niterói, no Rio de Janeiro, e desenvolvo atividades mediúnicas e sociais.

Sou comprometido com o ideal espírita, perfeitamente humano e cheio de perguntas para as quais não tenho respostas, embora tenha muitas respostas para perguntas que nunca formulei.

Adoro ser humano, bater um bom papo, ser amigo, rir, viajar e me divertir com a minha família.

Não sou obcecado por trabalho.

Acho que precisamos de um tempo para curtir a vida, o mundo e as pessoas. O planeta Terra é muito bonito e precisamos ter um tempo à disposição para apreciar o mundo e suas experiências.

Adoro respirar ar puro e ouvir MPB. Curto muito cinema, principalmente drama, comédia e suspense.

Gosto de experimentos culinários e uma boa praia. Sou apenas humano, como você e muita gente boa por aí. Adoro ficar em casa com a minha esposa e os meus filhos. Curto muito o meu lar, as minhas netas e os amigos.

Eu nunca pensei que chegaria onde estou, pois a vida não foi fácil no começo. Tive perdas que foram muito difíceis de superar, mas sempre me reinventei nos momentos mais difíceis e acho que ainda me reinvento diariamente para sobreviver e aprender com tudo e todos que se relacionam comigo nesta vida.

Sou estudioso da mediunidade e defendo a mediunidade séria em todos os sentidos, pois tenho convicção de que o dom da mediunidade é algo muito especial, e especialmente deve ser exercido.

Aprendi com meus mentores que a “mediunidade é um dom divino, e divinamente devemos exercê-la”.

Todos os dias aprendo com meus mentores espirituais e com os acontecimentos que a vida me traz, pois sei que nada que me acontece é por acaso. Tudo o que chega até mim traz um ensinamento, até mesmo aquilo que, em alguns momentos, acho ser ruim.

Assim, minha vida está sempre em transformação, pois coloco em prática tudo o que aprendo. Sempre exteriorizo todos os ensinamentos que minha religião me traz, pois sei que, se não tiver a bondade, a capacidade e o amor de compartilhar tudo o que aprendo, quando eu deixar a vida humana, todo o meu esforço terá sido em vão, uma vez que todo o meu aprendizado morrerá comigo. Por isso, partilho o tempo todo tudo o que sei e aprendo em minhas experiências mediúnicas e também na vida humana.

Entendo que muitas vezes não serei compreendido e aceito por acreditar no que acredito e fazer o que faço, mas devo ter a sabedoria de compreender que nem mesmo Jesus foi aceito e compreendido quando esteve entre nós.

No mais, quero viver todas as experiências possíveis e extrair delas a minha evolução, que é pessoal e intransferível.

Este sou eu!

“

A vida não se resume a esta vida!

”

Nina Brestonini

Sumário

"

Todos os dias, recebe uma página em branco no livro da vida. O que é que você está escrevendo?

"

Osmar Barbosa

Prefácio

Após terminar a psicografia dos livros *O Livro Proibido e Depressão — A Vida sem Mim*, eu observei uma profunda preocupação dos espíritos em relação ao funcionamento de algumas casas espíritas e à carência de instituições especializadas e dedicadas ao socorro espiritual diante do momento difícil que estamos vivendo no plano terreno, com a incidência cada dia maior de irmãos sofrendo pelas síndromes.

O livro, além de trazer um apelo dos guardiões espirituais, nos convida a uma reflexão profunda sobre como a maioria das casas espíritas está atuando em seu dia a dia.

Além da invasão de espíritos trevais travestidos de benfeitores atuando nas casas espíritas com propósitos diversos, estamos vendo que vários tipos de ideologias e ideais doutrinários passaram a ser mais importantes do que o serviço ao próximo.

Estatutos, regimentos internos, departamento disso ou daquilo, mensalidades etc. Estamos seguindo o mesmo protocolo de outras denominações religiosas que vendem o medo, o inferno e seus demônios, além do pânico, para se cobrar valores, o que não condiz com a grande missão dos espíritos.

Acontece que, segundo a solicitação desses mentores, os núcleos de atendimento espiritual que funcionam espalhados sobre o orbe terreno não estão atingindo o objetivo da Espiritualidade Superior. Não que seja ruim como essas casas estão funcionando. Não é objetivo deste livro criticar ou condenar quem quer que seja. Nosso dever é orientar, auxiliar, acolher e dinamizar o trabalho de socorro o mais breve possível. Vamos dar nossa contribuição àqueles que necessitam de orientação sobre a forma como se deve trabalhar um posto de socorro ou um hospital espiritual.

Algumas casas espíritas nem devem mudar como vêm atuando. Mas a verdade é que, se podem fazer mais, é isso que os mentores nos pedem.

"Façam mais", pedem os instrutores espirituais...

O nosso planeta, como anunciado por todos os meios espirituais, adentra a era da regeneração e muita coisa está mudando em torno de todos nós. Tudo está em transformação para que o novo tempo se instale. Fato...

As informações que nos chegam aqui em nosso hospital é de que estamos diante do início de uma pandemia: a **pandemia dos transtornos**, que estamos vendo chegar após o evento da covid-19. Por orientação superior, temos que cuidar dos nossos pacientes, principalmente dos nossos jovens, que são, infelizmente, os mais atingidos.

Segundo a Espiritualidade que nos cerca, se nada for feito, o destino do Espiritismo é incerto, porque, infelizmente, muitas casas espíritas estão a serviço de espíritos contrários à evolução na totalidade.

Precisamos nos unir e lutar para salvar o pouco que ainda resta do esforço dos nobres mensageiros da Superioridade quando, através dos mensageiros de luz, nos revelaram o Espiritismo.

Outro ponto a destacar é que milhões de espíritos estão aportando pela primeira vez neste planeta, mas tudo, claro, seguindo o projeto da nova era.

É de suma importância lembrar que os umbrais estão sendo esvaziados. Bilhões de espíritos oriundos dessas regiões estão encarnando. Muitos já encarnaram e estão entre nós implementando as mais terríveis ideias destrutivas, como têm nos informado médiuns e mensageiros renomados do Espiritismo.

A grande prova disso são os números inquestionáveis do aumento da violência e de outras tragédias anunciadas diariamente na imprensa em geral.

Parece que o amor, o respeito, a moralidade, a caridade, o amparo, os bons costumes desapareceram.

Vemos o ódio; as guerras; a avareza; o feminicídio; a falta de amor e empatia; o abandono; o tráfico de crianças e órgãos; o tráfico de drogas; a produção e a comercialização de drogas sintéticas, produzindo um exército de zumbis em nossas metrópoles; a fome; a miséria; a falta de religiosidade e tantas outras tragédias humanas e morais, que nem sequer estamos conseguindo viver em sociedade, isso sem contar é claro com a falência de quase todos os seguimentos religiosos, onde se obter luco, fama e dinheiro tornou-se objetivo maior... as moedas de Judas são mais importantes que os evangelhos e o amor ao próximo.

Os tempos estão difíceis...

O que você acha que está acontecendo com o mundo?

Estamos evoluindo ou retrocedendo?

O que será da humanidade daqui a 50 anos, se o que está acontecendo hoje não for mudado?

O que será das religiões daqui a um tempo?

O que você, cristão espírita, está fazendo?

Será mesmo que abrir um centro espírita com um grupo de amigos ou simpatizantes para organizar uma instituição por meio de estatutos, regras, manuais, regimentos internos, mensalidades, palestras e passes é o suficiente para frearmos essa **pandemia** que assola milhares de famílias destroçadas, tantos lares com suicídios, quadros depressivos graves, síndromes destruindo pessoas e famílias? O que as instituições espíritas poderiam estar fazendo e não fazem?

Será que temos que esperar as "autoridades" do Espiritismo se manifestarem e nos dizerem o que a casa espírita precisa fazer para socorrer tantos irmãos aflitos? Será que teremos que fazer mais do que palestras, passes, cestas básicas, doações de roupas usadas e cursinhos?

Será que isso salvará nossos jovens e pessoas de modo geral da **pandemia dos transtornos**?

Tenho uma pergunta e tenho certeza de que você tem a resposta na ponta da língua… Quer ver?

Você conhece alguém ou tem algum familiar, ou amigo, que esteja sofrendo de depressão ou algum tipo de transtorno?

Tenho certeza de que sua resposta é sim…

Estamos ou não estamos vivendo mais uma **pandemia**?

Foi baseado em tudo o que li nos livros *O Livro Proibido* e *Depressão — A Vida sem Mim*, ambos psicografados por mim, e também nas observações extraídas dos atendimentos fraternos que faço todas as semanas no Hospital Amor e Caridade que decidi pedir ajuda aos meus mentores. Eu precisava de uma resposta. O que poderíamos fazer para auxiliar mais e mais irmãos?

Quando terminei a psicografia dos livros citados anteriormente, decidi que não poderia ficar calado e, muito menos, de braços cruzados diante do apelo da Espiritualidade que nos envolve. Precisamos nos unir e fazer mais por todos que sofrem...

E foi assim que pedi ajuda ao Lucas para escrever esta obra. Ele, como sempre, apareceu para mim em uma tarde agonizante, quando ensaiava as primeiras linhas deste livro no solitário ambiente das psicografias. "O que escrever? O que fazer?", eu pensava...

Eu não sabia o que escrever. Como escrever sobre a dor que assola nosso planeta neste momento?

Percebi precisar de orientação e implorava a presença do querido mentor para me ajudar. Precisamos falar com todos os espíritas de alguma forma. Precisamos juntar forças para combater o que, na minha visão, é o fim da humanidade.

Após horas em busca de respostas dentro de mim, eu senti que Lucas estava vindo em minha direção. Assim, atencioso como sempre, ele chegou naquela tarde em meu escritório para darmos início a este livro.

— Olá, Osmar!

— Ainda bem que você pôde me atender!

— O que houve?

— Estou aqui muito preocupado.

— O que está acontecendo?

— Escrevi um livro ao lado dos guardiões que é, na verdade, um apelo deles, um alerta sobre o que está acontecendo com muitos centros espíritas. E, confesso, Lucas, estou muitíssimo preocupado.

— Qual foi o apelo desses irmãos?

— Eles, além de me revelarem muita coisa sobre os bastidores dos centros espíritas, fizeram um pedido para que os verdadeiros espíritas se unam, para tentarmos salvar o pouco que ainda resta de algumas casas espíritas. Precisamos melhorar a forma de atendimento e o socorro a todos que sofrem. Precisamos nos estruturar e modernizar os atendimentos.

— E o que você quer fazer?

— Acho justo compartilharmos a experiência que temos com o trabalho do Hospital Amor e Caridade com todos os que desejam auxiliar os irmãos que sofrem.

— Acho ser de grande utilidade atualmente, diante da realidade em que seu plano espiritual se encontra, Osmar.

— Você concorda que precisamos agir?

— Por que você acha que chegam a vocês todos os dias tantas psicografias?

— Para nos inteirarmos melhor sobre os planos espirituais e tudo o que nos envolve.

— É isso. Mais informação, mais transformações. Modernizem-se.

— Olhe, Lucas, eu tenho percebido já há algum tempo que, a cada ano que passa, os pacientes que nos procuram lá no hospital estão sofrendo com algum tipo de transtorno. E o pior é que, a cada dia que passa, estão piores. São vários tipos de transtornos, que, se fôssemos enumerar, acho que precisaríamos de um capítulo desta obra.

"O número de pacientes não para de crescer. Doenças como depressão em vários graus, transtorno de ansiedade, autismo, síndrome do pânico, do medo e de vários outros tipos, tudo isso tem conduzido milhares de pessoas a um estado grave, que chega até mesmo a levar nossos irmãos ao triste fim, o suicídio.

"Sinceramente, acho que estamos diante de uma nova pandemia, como disse anteriormente. Essa é a minha opinião.

"O que está acontecendo, meu nobre instrutor?"

— Quanto ao assunto pandemia, você tem razão. Você se lembra de que, durante a pandemia de covid-19 e depois dela, instruímos todos vocês de que haveria uma segunda onda, a qual seria muito difícil de tratar e ceifaria muitas vidas?

— Sim, eu até escrevi sobre isso.

— Pois é. Agora vocês têm uma pandemia mental, muito difícil de ser curada, embora existam formas de se evitar o pior. Na verdade, é uma doença muito grave, que envolve o físico, o psíquico e o espiritual.

— Jesus…

— Como você sabe, Osmar, a saúde, as doenças e essas coisas não são minha especialidade. Meu trabalho atual é nas regiões de sofrimento, resgatando espíritos nos umbrais.

"As coisas aqui são muito organizadas e cada um que chega à vida espiritual é aproveitado naquilo que melhor sabe fazer. Por esse motivo, médicos trabalham nos hospitais espirituais e professores trabalham nas escolas espirituais. Assim são administradas as cidades do lado de cá. Cada um cuida daquilo que melhor sabe fazer.

"É bom que todos saibam que os espíritos não sabem tudo. Somos como vocês. O que nos difere é o plano em que estamos…"

— Entendo perfeitamente, Lucas.

— Saibam que não há ociosidade na vida eterna. É bom que todos se conscientizem definitivamente disso… Parem de pensar que as colônias são locais de repouso. Todos nós que estamos nas cidades espirituais estamos ansiosos por trabalho evolutivo.

"Mas posso lhe assegurar, meu nobre escritor, que essa pandemia ainda nem chegou. Ela está se instalando lentamente, mas já é destaque nos consultórios, nos hospitais e nos postos de socorro físico e espiritual."

— Meu amigo, de dez atendimentos que faço hoje no Hospital Amor e Caridade, entre cinco e sete são pessoas com depressão, crise de ansiedade ou outras síndromes que nem sequer sei falar o nome...

— Esse número vai piorar se nada for feito — disse Lucas, olhando para mim.

— É por isso que, seguindo as orientações dos guardiões, resolvi escrever este livro. Quero passar para todos como funciona nosso hospital e o que todos podem fazer para atender mais e mais pessoas.

"Temos um resultado surpreendente com os tratamentos que oferecemos à população em nossas salas de atendimento. E olhe que não são poucos atendimentos. Atualmente, realizamos uma média de dois mil atendimentos por mês. Dois mil, Lucas... É assustador...

"Eu já observei que a prece, a desobsessão, o tratamento de refazimento perispiritual e as cirurgias espirituais, além, é claro, das palestras, do carinho, do amor e da atenção que externamos a todos, têm tirado dezenas de pacientes do estado doentio em que se encontravam quando nos procuraram."

— Deixe-me dizer uma coisa para você, Osmar.

— Diga, Lucas.

— Seu planeta está adentrando a nova era, como todos vocês sabem e já falei em diversas obras.

— Sim.

— Dentro desse novo modelo evolutivo, muita coisa precisa mudar. E, como sabem, toda mudança é boa para alguns e dolorosa para outros. Isso faz parte. Não pensem ser castigo ou algo ruim. É um processo natural que, infelizmente, repele aqueles que não estão em total sintonia com ele.

"Os portais dos umbrais foram abertos, possibilitando, a quem desejar, reencarnar e, através dessa última oportunidade na encarnação, purgar todo mal praticado, a fim de ascender a planos superiores ou melhores, após os ajustes necessários."

— Sim, eu já escrevi sobre isso também.

— O que você não escreveu é que esses portais se abriram para todos.

— Para todos? Como assim?

— Os portais se abriram para bons e maus espíritos. Os portais se abriram para os que desejam ardentemente a evolução e para aqueles que, contrariando as Leis Evolutivas, esperavam por essa oportunidade para vingarem-se de seus desafetos que se encontram em ambos os planos.

— Jesus, por que tanta violência?

— A violência e a falta de amor-próprio são características de espíritos trevais, Osmar.

— Meu Deus!

— Devo esclarecer que espíritos contrários à evolução planetária estão entre vocês em número assustador. E olhe que são espíritos que já obtiveram muitas conquistas e que adquiriram conhecimento que os capacita a enganar quase todos os encarnados.

"São magos, líderes dos umbrais, espíritos decaídos, feiticeiros, quiumbas, eguns, malfazejos, errantes, vagantes, andarilhos, ovoides, espíritos da terceira ordem e tantos outros que, ao tomarem conhecimento de que tais portais não os impediriam mais de acessar o plano terreno, encarnaram e hoje praticam todo mal por mero prazer. São espíritos contrários à grande evolução, como disse, e o pior é que todos eles sabem que não serão castigados.

"São esses infelizes irmãos denominados demônios, diabos, satanás, Lúcifer, etc. Trata-se de todos que, por ignorância intelectual, vocês intitularam como anjos caídos e são bastante comuns em histórias de conflito entre o bem e o mal. Devo informar que eles estão organizados. Já dominam vários seguimentos da sociedade, influenciando o dia a dia de muitos irmãos encarnados. São vistos em todas as religiões, persuadindo dirigentes espirituais, sacerdotes, padres, bispos, os que se dizem apóstolos, escritores, médiuns, em fim, estão em todos os lugares".

"Por isso há tanta covardia, maldade, maledicência, mau-caratismo, falta de amor ao próximo, ganância, intolerância e tudo o que a pior mente poderia imaginar."

— Meu Deus!

— Eles sabem que o máximo que lhes poderá ser cobrado será passar milênios nas regiões sofredoras e lamacentas dos umbrais em outros planetas, locais em que estão acostumados a viver.

"Não desejam a evolução, embora tenham sido alertados do exílio para outro planeta. Mesmo assim, nada os faz crer ou mudar suas atitudes diante da ordem evolutiva destinada a todos os espíritos."

— Tenha misericórdia de nós, meu Deus.

— Todos nós, Osmar, seguimos uma ordem evolutiva natural. Essa ideia de castigo está somente nas mentes opressoras, que usam dessa infeliz ideia para escravizar irmãos menos favorecidos de inteligência. Ideologias governamentais e religiosas escravizam mentes preguiçosas, retardando demasiadamente a evolução desses infelizes irmãos.

— Senhor...

— Infelizmente, há espíritos que se desenvolveram intelectualmente e usam do falso conhecimento adquirido para burlar as Leis Naturais e insistir na prática do mal. Embora conscientes do que os espera no futuro, não convertem a sabedoria adquirida ao bem, por decisão pessoal, respeitada pela maior Lei de todas, o livre-arbítrio.

"Toda vez que esses infelizes irmãos conseguem burlar as Leis Naturais, acabam por destinar parte de sua existência ao sofrimento longínquo, mas nem isso os desmotiva a praticar o mal..."

— Senhor, tenha misericórdia.

— O que é o inferno para quem viveu nele a vida inteira, Osmar?

— Verdade.

— O que é a escuridão para quem nunca viu a luz?

— Verdade.

— Todos os espíritos são livres para seguirem evoluindo, ou não... Você não é obrigado a nada. Nada mesmo... Creia nisso.

— Então, nos ajude, Lucas. Por favor, nos ensine: como combater o mal?

— Fazendo o bem.

— O bem vence o mal?

— O bem afasta o mal. O bem impede o mal. O bem anula o mal. O bem se engrandece diante do mal.

“Pense no bem, e o mal não terá forças sobre você.

“Pratique o bem, e o mal nunca o atingirá.

“Exercite o bem, e a força do bem enfraquecerá o mal.

“O bem, a prece e a oração são os únicos remédios eficazes contra qualquer mal que possa atingi-lo. E é por esse motivo que vocês vêm conquistando resultados muito positivos nos trabalhos realizados no Hospital Amor e Caridade.”

— Foi pensando em fazer o bem que decidi escrever este livro. Acho que podemos ensinar quem ainda tem alguma dúvida sobre como ajudar quem sofre por meio de um posto de socorro espiritual ou até mesmo de um hospital espiritual. O que você acha, Lucas?

— Acho que é uma excelente iniciativa, como já lhe disse…

— Vejo tantas pessoas querendo ensinar como tratar aqueles que sofrem, mas cobram para fazer isso. Precisamos nos posicionar e ajudar quem precisa com amor. Sem custos. Sem maldade. Somente com amor.

— “Dai o que de graça recebeis…”

— Pois é, Lucas.

— Escreva. Se precisar de alguma ajuda ou orientação, pode contar conosco.

— Vou precisar, sim. Quero que todos sejam orientados sobre como colocar em funcionamento um posto de socorro espiritual. Para isso, além de passar as orientações sobre os espaços físicos, precisaremos orientar sobre as proteções espirituais, sobre como a Espiritualidade pode ajudar, para que todos possam realizar um trabalho evolutivo para os envolvidos e de socorro para quem sofre.

— Pode contar comigo.

— Obrigado, Lucas.

— Precisamos auxiliar mais, Osmar.

— Vamos escrever e ensinar aqueles que, sem preconceitos e sem interesses pessoais, desejam atender pacientes que sofrem. Essa é a ideia.

— Onde houver amor, encontrará os bons espíritos. Tenha certeza disso.

— Eu não tenho dúvidas, Lucas, de que podemos ajudar muitas pessoas que sofrem, principalmente aqueles que estão em depressão ou que são vítimas de alguma síndrome.

— Um novo tempo se inicia para todos vocês. Não é somente uma nova era. É um novo tempo em que tudo tem que se adequar ao novo, para que o novo seja realidade evolutiva em todos os sentidos.

— Obrigado, Lucas.

— Conte conosco.

— Obrigado.

“

O Espiritismo não é a religião do futuro.
O Espiritismo é o futuro de todas as religiões.

”

Frei Daniel

O centro espírita precisa de médiuns?

Comecei a organizar minha memória, desde a abertura do primeiro centro espírita. Procurei alguns arquivos que guardo com as orientações que recebi desde a construção do Hospital Amor e Caridade.

Quando estava com quase tudo pronto, percebi novamente a presença de Lucas.

— Voltou?

— Sim. Acho que você precisará de minha orientação.

— Eu estava aqui separando alguns documentos que tenho guardados para colocar nesta obra. Acho que devo começar bem do começo. O que você acha?

— Se o seu objetivo é atingir quem já tem um centro espírita e aqueles que decidirem abraçar esse projeto, ampliando os postos de socorro sobre o orbe terreno, acho que você deve começar a contar como tudo começou. Você se lembra de todos os detalhes?

— Agora entendi por que você voltou.

— Acho que você vai precisar de ajuda.

— Tenho certeza.

— É importante que todos saibam que não é necessário que um centro espírita, ou melhor, que um posto de socorro espiritual ou um hospital espiritual tenham um médium de frente como você.

— Um médium como eu? Como assim?

— Para que se tenha excelência no trabalho de socorro, não se faz necessário ter a presença de um médium missionário ou bem desenvolvido. Para os objetivos socorristas serem atingidos, é necessário haver corações devotados ao bem. Somente isso…

— É muito importante essa sua informação, Lucas.

— O número de médiuns missionários encarnados é grande. Acontece que a maioria deles ainda não despertou para a grande missão. A abertura de mais núcleos socorristas irá atrair esses irmãos para o trabalho. Tenha certeza disso.

— Estou começando a achar que este livro não surgiu de minha vontade.

— Não há acasos, Osmar. Lembre-se sempre disso.

— Que bom que este livro partiu da Espiritualidade! É sinal que será útil a muitos irmãos.

— Você fez um estudo sobre mediunidade, não fez?

— Sim. Aprofundei meus estudos no fenômeno da mediunidade a fim de, primeiro, entender o que me acontece e, segundo, poder passar para as pessoas ensinamentos corretos.

— Qual é a conclusão a que você chegou sobre a mediunidade?

— Sempre que me perguntam isso, eu respondo com um ensinamento que você me deu, Lucas.

— Qual foi?

— "Mediunidade é um dom divino, que divinamente devemos exercer."

— Ótimo. O que mais você entendeu sobre mediunidade?

— Olhe, Lucas, eu classifico a mediunidade em três graus, se assim posso dizer.

— Quais são?

— A mediunidade passiva, ativa e missionária.

— Explique, por gentileza.

— Médiuns passivos, todos somos. Todos aqueles que sentem algo são médiuns, como nos assegurou o professor Allan Kardec, quando disse que "todo aquele que sente em grau qualquer influência dos espíritos é, por esse fato, médium". Esses classifico como médiuns passivos.

— Muito bem. E os ativos?

— Os ativos são aqueles que interagem de forma mediúnica com seus guias e mentores. São aqueles que trabalham nas casas espíritas em todos os setores e aqueles que se dedicam à caridade através do Espiritismo, exercendo sua mediunidade. Incluem-se aqui os médiuns de Umbanda.

— Ótimo, Osmar. Agora me fale sobre os missionários.

— Na minha humilde opinião, Lucas, os missionários são aqueles que não conseguem fugir do trabalho espírita. São os fundadores da maioria das casas espíritas e das obras assistencialistas ligadas a elas.

"Normalmente, quando esses médiuns se afastam da missão espiritual, sofrem, são infelizes e adoecem sem doenças aparentes, por encarnarem somente com os objetivos espirituais. São, portanto, missionários."

— Ótimo, Osmar. Parabéns!

— Obrigado, Lucas.

— Conclui-se, então, que qualquer um desses graus mediúnicos está capacitado a abrir um posto de socorro espiritual, é isso?

— Acredito que sim.

— Eu lhe asseguro que sim. Como disse, Osmar, para que um centro espírita, um posto de socorro ou até mesmo um hospital espiritual atenda às necessidades daqueles que buscam amparo no plano físico e para que os espíritos possam auxiliar, não precisamos de cargos ou renome. O que precisamos é do amor, da dedicação, da entrega e da caridade. Se houver o amor, esse local será muito bem frequentado pela Espiritualidade Superior. Isso eu posso lhe assegurar.

— Essa é uma questão muito interessante de ressaltar, Lucas. Quer dizer que, para que os objetivos de amparo, cura e auxílio sejam atingidos, não precisa ter um médium de frente, uma pessoa experiente que manifeste um mentor espiritual?

— Não. Como disse, o que nos aproxima da obra de caridade é que todos os envolvidos estejam devotados ao amor. Para nós, quanto mais simples, sincero e verdadeiro o trabalho, melhores são as condições energéticas e fluídicas para o desenvolvimento do nosso trabalho.

— Então, vamos lá.

— Sim.

— Qualquer pessoa pode abrir um posto de socorro espiritual, é isso?

— Qualquer pessoa que esteja capacitada moralmente e que tenha organizado tudo da forma correta. Não se pode abrir um hospital sem uma equipe preparada e um preparo fundamentado, físico e espiritual, você não acha?

— Sim, acho que sim. Mas o que é preciso para estar capacitado a abrir um centro espírita, um hospital espiritual ou um posto de socorro, além dos fundamentos espirituais?

— Estudo, verdade, sinceridade, amor, caráter ilibado e pessoas de bem que realmente desejem praticar a caridade sem distinção. A partir dessa decisão, há de haver muito estudo, preparo e dedicação, para que todos sejam auxiliados.

— Quer dizer que, se alguém que estuda o Espiritismo e se acha apto a encarar o desafio se dedicar integralmente, auxiliado por outros companheiros com o mesmo desejo e empenho, pode contar com vocês?

— Sim. Estamos onde houver a caridade sincera e o amor verdadeiro. Nunca se esqueça de que a base de todo trabalho de caridade é o amor.

— E como funciona isso na Espiritualidade, Lucas?

— O que você quer saber?

— Uma pessoa que não tem mediunidade, mas deseja abrir um centro de cura... Ela não precisa ser uma médium ostensiva?

— Não, não precisa. Mesmo porque, uma pessoa que não tem nenhuma mediunidade jamais teria coragem de abrir um centro espírita, exceto se tiver outra intenção que não seja a caridade verdadeira. Pode ser um embusteiro, mas esses não vão muito longe... Fique tranquilo.

— Eu vejo, conheço e sei de pessoas que não são médiuns, nem nunca foram. São, na verdade, charlatões que estão com centros espíritas abertos, enganando pessoas de bem e desviando pessoas caridosas com suas mentiras e enganações.

— Fique certo de que não são hospitais nem postos de socorro ligados a nós. Esses infelizes irmãos fazem parte da legião encarnada de decaídos que estão unidos a fim de desmoralizar o trabalho dos verdadeiros médiuns dedicados ao amor.

"Se uniram para destruir o Espiritismo e, principalmente, a religião de Umbanda. Mas confiemos na Providência Divina, que tudo cobra na hora exata. Faça a sua parte. Plante o que deseja colher após a vida de encarnado.

"Cada um colhe o fruto de sua semeadura. Fique certo disso..."

— Mas eles não são punidos, Lucas? Acho isso desleal...

— Colherão na vida espiritual o fruto da semeadura terrena, como disse. Não turbe o seu coração...

— Resta-nos orar por todos, não é, meu querido mentor?

— Isso também é caridade.

— Obrigado pelo ensinamento, Lucas.

— Osmar, deixe-me lembrá-lo de uma coisa.

— Sim.

— Você se lembra do que disse o seu guia-chefe sobre a sala em que ele trabalha no Hospital Amor e Caridade?

— O Ventania?

— Não é ele seu guia-chefe?

— Sim, ele é meu guia-chefe na Umbanda.

— O que ele diz?

— Ele diz que só precisa de alguém para acender as lâmpadas e organizar as filas. O resto ele faz…

— E, para isso, você precisa de um médium?

— Não, qualquer um pode fazer isso. Inclusive, em nosso hospital, temos vários voluntários que fazem esse trabalho. São médiuns iniciantes que, a partir desse e de outros contatos com a Espiritualidade da casa, desenvolvem sua mediunidade.

— Viu? Em muitos casos, nós só precisamos que as instalações funcionem. Precisamos de alguém para acender a lâmpada…

— Entendi. Mas como vocês agem sem médiuns?

— Retiramos da assistência, dos frequentadores e da natureza ao redor do local onde está instalado o hospital ou posto de socorro os fluidos necessários ao trabalho de socorro.

— O ectoplasma?

— Não só o ectoplasma, mas outros fluidos também.

— Aprendi que, na maioria das curas, o fluido que vocês mais usam é o ectoplasma. Estou certo?

— Exatamente.

— As pessoas que doam esse fluido não precisam ser médiuns, Lucas?

— Lembre-se do que disse o irmão Allan Kardec... Todos são médiuns, lembra?

— Sim. Agora entendo por que muitas pessoas ficam suando nas mãos e nos pés e abrem a boca, bocejando, o tempo todo no centro espírita.

— Elas estão doando ectoplasma para podermos realizar a tarefa. E fazemos isso naturalmente. Nós nem sequer pedimos uma concentração.

— Olhando por essa perspectiva, realmente vocês não precisam de médiuns ostensivos. Qualquer um que tenha um bom coração e boa vontade é útil à Espiritualidade.

— Qualquer médium que esteja no ambiente do centro espírita com o coração devotado ao amor ao próximo funciona como um farol que não só o ilumina, mas também permite que a claridade espiritual afaste toda doença ou mal que os pacientes possam estar sofrendo.

"É bom que todos saibam que tudo é energia. Se a energia é boa, tudo correrá em perfeita harmonia com as necessidades do dia. Se a energia não nos for útil, não a utilizamos.

“Outra coisa que vocês precisam saber é que energias condensadas são fluidos energéticos ativos. Assim, qualquer pessoa nos é útil em um ambiente espiritual.”

— Energia condensada? O que é isso, Lucas?

— Energias condensadas são graus vibratórios da energia que fazem existir tudo o que há no Universo, em estados mais sutis e estados mais densos. Assim, podemos dizer que todos os corpos são energias vibratórias condensadas.

“Essa é uma das diversas condições espirituais e perispirituais em que atuamos para aliviar ou até mesmo curar as doenças dos pacientes que adentram os núcleos de cura espiritual.

“Posso lhe dizer outra coisa, Osmar?”

— Claro, Lucas.

— Enganam-se aqueles que acham que um médium famoso atrai para perto de si ou do ambiente em que está espíritos sublimes, puros ou bons. Os espíritos mais perfeitos não se comprazem com vaidade, ego, fama, orgulho e, muito menos, com quem se acha melhor que o outro.

“Aqui na vida espiritual você aprende que a simplicidade e o amor são o que o aproxima da evolução pessoal. Qualquer sentimento que o faça sentir-se superior a alguém ou algo o rebaixa diante da grandeza de Deus.”

— É ótimo poder escrever isso, Lucas.

— Acontece, Osmar, que vocês estão sempre em busca do ilusório, do fantasioso, do folclórico, do carnavalesco. Não entendem que o lado de cá é idêntico ao lado em que estão. Não se prendam ao imaginário. Olhem o amparo ao outro como algo que vai lhes fazer bem em todos os sentidos. Não esperem recompensa pelos seus atos, pois elas não existem.

"O que você conquistará auxiliando é ser auxiliado nos momentos em que precisar.

"Se você se entrega à missão de ajudar, é porque precisa de ajuda.

"Se há um chamado para a caridade, é porque você é um grande devedor e deve aceitar as oportunidades que o modificarão e equilibrarão seu passado espiritual.

"O fato de você estar vestido de branco por fora não quer dizer que você está branco por dentro. Muitos de vocês se vestem de branco para enganar, iludir e ganhar fama e dinheiro. Acha mesmo que o que está fazendo não lhe será cobrado?

"Acha que, enganando as pessoas, está enganando a Espiritualidade?

"O que precisamos, Osmar, é de cristãos, de pessoas devotadas ao bem.

"Ser médium é apenas um detalhe.

"Ao assumir seu compromisso com a Espiritualidade Superior, você automaticamente adquirirá um ingresso que lhe possibilitará certas vantagens quando finalmente deixar a vida terrena.

"E, olhe, se quer um conselho, adquira seu ingresso sempre que uma oportunidade chegar até você."

— Lucas, quero lhe agradecer por todas essas informações.

— Não agradeça. Escreva.

— Agora me lembrei de como e quando foi que decidi assumir essa missão espiritual.

— Conte-nos.

— Bom, como você sabe, Lucas, eu me relaciono com vocês desde menino. Eu me lembro de que, quando tinha uns sete anos, minha família foi morar perto de um cemitério e eu tinha visões com os espíritos que ficavam vagando muito próximos à minha casa.

"Logo depois, tive minha segunda experiência de quase morte, que selou definitivamente o meu destino espiritual.

"Costumo dizer, Lucas, que, se todas as pessoas tivessem a experiência que tive com a morte, o mundo seria bem melhor."

— E o pior é que todos têm, mas não percebem.

— Sério?

— Quando você vai dormir todas as noites, você tem certeza de que irá acordar?

— Não. Confio em Deus.

— Morre todo dia, para renascer na manhã seguinte, e ainda questiona se Deus existe…

— Somos muito imperfeitos, Lucas.

— Muito mesmo.

— Após visitar o plano espiritual e ter sido orientado pela minha mãe a voltar ao corpo físico, eu fui em busca das respostas para o que eu havia vivido naquele acidente, Lucas.

“E foi nas obras de Chico Xavier e do professor Allan Kardec que encontrei todas as respostas para meus mais íntimos questionamentos.

“Logo em seguida, fui convidado a participar de uma reunião espírita, e foi nela que tive o contato com vocês.”

— Eu me lembro desse dia, Osmar.

— Sério?

— Estávamos lá eu, a Nina e o Rodrigo, seu mentor espiritual.

— Que honra, Lucas!

— Foi um dia incrível para todos nós.

— Por que, Lucas?

— Você é um médium raro. Médiuns missionários são raros. Sua encarnação é uma encarnação missionária. Você está fazendo o que realmente veio fazer e, para que tudo isso se cumpra, estamos ao seu lado desde o dia em que você encarnou.

Algumas lágrimas visitaram meus olhos naquele instante.

Após uma pequena pausa, perguntei:

— Sério, Lucas?

— Sim. Tudo foi planejado em concordância de seus pares.

— Quer dizer que, antes de eu vir, já havíamos combinado a construção do Hospital Amor e Caridade?

— Sim.

— Fico muito feliz em saber disso.

— Quando desencarnar, você vai ficar sabendo sobre tudo isso e muito mais.

— Não me deixe ansioso, Lucas.

— Eu o conheço e sei que você não vai ficar ansioso. De que adianta a ansiedade, se esse destino vai se cumprir?

— É verdade. Um dia, terei que ir mesmo…

— O seu caso é um caso à parte do que estamos escrevendo. São poucos os médiuns missionários na mediunidade ostensiva. Porém, devo informar que é muito comum encontrar médiuns missionários que estão por aí à espera de uma oportunidade para abrirem postos de socorro espiritual.

— Não entendi, Lucas.

— Seu caso é um caso à parte. Não podemos comparar seu trabalho, que vai além do Hospital Espiritual Amor e Caridade, porque, além de materializar o hospital, você tem a missão de escrever livros. E este livro é esperado por muitos médiuns que necessitam destas instruções para que possam abrir os postos de socorro que vieram à encarnação para abrir.

— Entendi.

— O que você entendeu?

— Eu entendi que tenho a missão de escrever livros e abrir o hospital. Outros têm a missão de só escrever livros; outros, de abrir hospitais e por aí vai...

— Ressalto a importância de que sejam abertos mais postos de socorro, o que é o intuito deste livro.

— Sim.

— Embora eu tenha informado haver irmãos encarnados à espera destas instruções para darem o primeiro passo, você não precisa ser um missionário para abrir um posto de socorro. Qualquer um pode fazê-lo.

— Sim, é esse o intuito deste livro: orientar todos os que desejem fazer o bem, não importando se são médiuns ou não.

— Isso.

— Sabe, Lucas, eu sempre trabalhei no exercício de minha mediunidade em prol da cura. Nunca usei minha mediunidade sem ser para esse fim.

"Acho que quem quiser se propor a abrir ou transformar a casa espírita em um posto de socorro tem que compreender que, se é um posto de socorro, é isso que tem que ser. Estou certo?"

— Dois corpos não ocupam o mesmo espaço — disse o nobre mentor.

— O que você quer dizer com isso?

— Se você tem um centro espírita de Umbanda, por exemplo, use-o como um centro de Umbanda. Se for trabalhar com cura, trabalhe com cura com os arquétipos e orixás da Umbanda.

"Não misture seu trabalho.

"Se você tem ou abre um posto de socorro, esse deve ser somente um posto de socorro."

— Por que não devemos misturar, Lucas?

— Dois corpos não ocupam o mesmo espaço. O trabalho de um centro espírita de cura ou de um hospital espiritual é muito diferente de outras vertentes.

— Complicou...

— O que complicou?

— Se tenho um centro de Umbanda, eu não posso ter uma sessão de cura?

— Pode, mas com os guias de Umbanda, como disse anteriormente.

"O que não pode é ter um centro de Umbanda e funcionar como um hospital espiritual de uma colônia. São coisas totalmente diferentes.

"Um centro de Umbanda tem seus fundamentos nos orixás da Umbanda. Todo amparo espiritual parte desses orixás e seus arquétipos, que vivem em lugares totalmente diferentes do que vivemos, por exemplo.

"Assim, tudo o que é usado para os processos de cura de um centro de Umbanda não se compara ao que usamos. São diferentes, entende?"

— Sim, eu entendi.

— Para um linguajar mais simplista, posso lhe dizer que os orixás trabalham nas curas com ervas e elementos da natureza em geral, enquanto trabalhamos com tecnologias modernas que vocês nem sequer viram na Terra. É algo do futuro, entende?

— Entendo. Por isso, não podemos misturar.

— Isso. Se venho de uma colônia com meus equipamentos, os arquétipos e orixás da Umbanda vêm com outros. Por isso, dois corpos não ocupam o mesmo espaço. São energias diferentes, que não se misturam.

— Entendi perfeitamente, Lucas. Cada um no seu quadrado.

— Nosso trabalho é oportunizar médicos, farmacêuticos, enfermeiros, técnicos, cirurgiões, enfim, todos os espíritos ligados à área médica que adquiriram especialização a partir das múltiplas encarnações e que hoje trabalham nos hospitais espirituais ligados aos hospitais terrenos.

"Um hospital como o que você construiu no plano físico é uma réplica do Hospital Amor e Caridade que existe no plano espiritual. Estamos conectados integralmente."

— Já me disseram isso.

— Os equipamentos usados nos tratamentos espirituais feitos no Hospital Amor e Caridade no plano físico são oriundos da Colônia Espiritual Amor e Caridade.

— Também já me informaram sobre isso.

— Todos os equipamentos que nos são oferecidos nas reuniões de cura, nas cirurgias e nos demais atendimentos são trazidos por auxiliares diversos, enfermeiros, auxiliares de enfermagem, instrumentadores e médicos que estão na Colônia Amor e Caridade, preparados para esse tipo de trabalho.

"É totalmente diferente de tudo o que é usado pelos arquétipos e orixás da Umbanda, que, em sua maioria, não usam a tecnologia que usamos. Esses irmãos são profundos conhecedores dos elementos da natureza e é de lá que eles retiram os extratos, o ectoplasma e os fluidos para os trabalhos de cura nos centros de Umbanda.

"É totalmente diferente daquilo que fazemos, entendeu? Ou preciso explicar melhor?"

— Eu entendi, Lucas, e espero que todos tenham entendido.

— Que fique claro que não estamos inferiorizando o trabalho dos nossos irmãos da Umbanda. A questão é que estamos em situação e trabalho diferentes. Mas posso lhe assegurar que ambos têm resultados excepcionais.

— Entendi.

— Explique...

— Se tenho uma casa de Umbanda, eu até posso trabalhar com cirurgias espirituais e tudo o que um hospital espiritual faz, mas as energias, os elementos e os guias que estarão ao meu lado serão guias de Umbanda, e não dos hospitais espirituais situados nas colônias.

— Isso.

— Porém, se eu abrir um hospital espiritual ou um posto de socorro espiritual, vou ter que estar vinculado a uma colônia. É isso?

— Exatamente. Os hospitais, postos de socorro ou prontos-socorros espirituais têm de estar vinculados a uma estação espiritual, pois será desse lugar que irá partir a equipe de médicos e socorristas para o trabalho ao seu lado.

— Não há exceções, Lucas?

— Não. Cada um no seu lugar. O que existe é muito respeito e regras energéticas e espirituais que não se podem romper, pois, se rompidas, não atenderão à necessidade do trabalho. Deixe-me dizer uma coisa para você.

— Sim.

— Quando você fica doente, para onde vai?

— A um médico.

— A um médico ou a um centro espírita?

— Normalmente, as pessoas vão primeiro a um médico.

— Ok. O que o médico faz?

— Começa uma investigação sobre a doença.

— Como ele faz isso?

— Ele me manda procurar um hospital ou um laboratório para que sejam feitos vários exames, a fim de saber o que me adoece.

— Quais profissionais você encontra em um hospital?

— Vários.

— Quais?

— Há médicos, enfermeiros, auxiliares, recepcionistas, radiologistas... São necessários muitos profissionais para um hospital funcionar, Lucas.

— Descoberta a doença, o que o médico faz?

— Ou ele opera, ou passa remédios, tratamentos etc.

— Essa é a medicina mais comum, não é?

— Sim, é o que temos em cada esquina.

— O médico lhe passa remédios alternativos?

— Não. Normalmente, não.

— Digamos que você toma todos os remédios indicados e não melhora. O que você faz?

— Troco de médico ou de hospital, tendo em vista fazer uma investigação mais aprofundada do meu problema.

— Suponhamos que você não consiga ficar curado e que não ache o motivo ou até mesmo a doença. Então, o que você faz?

— Busco ajuda espiritual, pois minha doença pode ser espiritual.

— Certo. Onde está essa ajuda?

— Nos centros espíritas.

— Em todos?

— Cada um trata de uma forma.

— Funcionam?

— Algumas, sim. Mas a maioria não funciona.

— Por que não funcionam, na sua opinião?

— Acho que é porque não há profissionais capacitados.

— Então, quer dizer que você fica doente, mas a medicina convencional não acha o motivo. Você vai a um centro espírita e também não consegue ajuda.

— Isso.

— O que você faz?

— Vou procurar um hospital espiritual ou um centro espírita especializado, com certeza.

— Por quê?

— Porque os hospitais espirituais estão preparados.

— Agora você chegou aonde todos deveriam chegar, mesmo antes de procurar o primeiro hospital.

"Na atualidade, a maioria das doenças é espiritual. Os hospitais espirituais que estão instalados no orbe terreno no presente momento estão preparados para socorrê-los, porque nesses hospitais estão os melhores médicos, enfermeiros e especialistas que deixaram a vida corpórea e agora trabalham no socorro a todos que sofrem.

"Por esse motivo, não desmerecendo nossos queridos irmãos da Umbanda, a modernidade das doenças exige profissionais capacitados e ninguém deixa de ser médico pelo simples fato de ter desencarnado. Além de tudo, nossas medicinas são diferentes.

"Há doenças que serão muito bem tratadas nas poucas casas de Umbanda que dedicam seus esforços ao auxílio e amparo de todos, mas há outras doenças que só poderão ser resolvidas nos hospitais espirituais ou postos de socorro. Cada caso é um caso.

"A Umbanda vem cumprindo muito bem seu papel no cenário das doenças espirituais, mas a modernidade dos processos doentios e as síndromes cada dia em maior número exigem uma atualização nos processos de cura. E é para isso que estamos cada dia em maior número entre vocês.

"É para isso que precisamos de mais hospitais espirituais especializados...

"Ao chegar à vida espiritual, você vai ver que os grandes cientistas, médicos, neurologistas, cirurgiões, pediatras, enfim, todos os grandes nomes da história da medicina se encontram trabalhando nas unidades físicas construídas por médiuns como você, onde prestam serviços espirituais de atendimento."

— Isso eu nem havia imaginado, Lucas.

— Tudo segue o roteiro da evolução, Osmar.

— Sou muito grato.

— Eu também, pois, sempre que precisei, esses nobres irmãos me estenderam a mão.

— É bom sabermos disso.

— É bom que todos saibam: há milhares de médicos ociosos na Espiritualidade, à espera de que sejam abertos mais núcleos de amparo no plano físico.

— Vamos acelerar esta obra, Lucas.

— Pode contar comigo.

— Vamos para o próximo capítulo?

— Vamos.

Assim, fomos para o próximo capítulo.

“

A vida é feita de escolhas.

”

Osmar Barbosa

A vida após a morte

Continuamos nosso diálogo.

— Lucas, fiquei realmente muito impressionado com suas revelações sobre as curas na Umbanda.

— É um trabalho muito bonito, realizado por espíritos milenares que muito auxiliam a humanidade.

— O fato de estarem modernizando os tratamentos também me impressionou.

— As doenças se modernizaram, você não acha?

— Acho que sim. E foi isso que também me impressionou.

— Pense assim: onde vamos colocar todos os espíritos que já alcançaram um certo grau de evolução, se não trabalhando?

— Verdade.

— Imagine que todos os espíritos estão em processo de evolução. Aqui não há muito o que fazer, pois, ao chegar à pátria espiritual, você é conscientizado do que realmente é. Assim, o único lugar carente de auxílio e amor é entre os encarnados. Os planos expiatórios são onde há mais necessidade de ajuda e, ajudando, evoluímos.

— Eu me impressiono com tudo o que você me ensina.

— Estude... Pense: a morte é uma viagem para uma terra conhecida onde você reencontrará seu passado e, ao reencontrá-lo, quererá vivê-lo intensamente e saberá que, para integrar-se a si mesmo, deverá purgar definitivamente os erros cometidos, a fim de permanecer nele eternamente.

"O grande problema é que vocês têm muita dificuldade de acreditar no óbvio. Preferem viver as ilusões, as fantasias carnavalescas como sendo o resultado da vida. Vocês estão sempre buscando o que impressiona os olhos e os sentidos...

"Você não acha mais fácil acreditar nestas linhas?

"Não acha mais interessante crer que há algo maior e melhor para toda a Criação?

"Quer acreditar em quê?

"Você conhece a história da Branca de Neve e os sete anões, Osmar?"

— Essa história chegou à vida espiritual?

— Vocês a trouxeram até nós. Conhece?

— Sim.

— A história é a seguinte: "Espelho, espelho meu, existe alguém mais bonita que eu?" O que o espelho respondia, Osmar?

— “Não. És a mais bela do reino.”

— Toda vez que a rainha ouvia essa resposta, o reino ficava em paz. Nada incomodava a sua majestade, não era isso?

— Sim — disse.

— Até o dia em que o espelho disse haver uma mulher mais bonita que ela, não foi?

— Foi.

— E o que aconteceu?

— Ela se transformou em uma bruxa e envenenou a Branca de Neve. Todo o reino passou a viver um verdadeiro inferno.

— Assim é a vida de vocês… Está tudo bem no seu reino, na fantasia. Quando um espírito lhe conta a verdade sobre a vida após a vida, você não quer acreditar. Vira um bruxo e começa a maldizer o médium, que tanto se esforça para revelar, simplesmente porque mexeu na sua zona de conforto.

“Se eu disser que tudo o que você faz de certo ou errado não lhe custará nada no seu futuro espiritual, sou o melhor mensageiro de Deus.

“Mas, se eu disser que tudo o que faz de mal lhe será cobrado, você opta por não acreditar, por ser preferível viver no erro do que corrigir o passado.”

— É impressionante a sua sabedoria.

— Você não acha que estou certo?

— Certíssimo. É preferível viver na mentira a acreditar na verdade, Lucas. Nós nos enganamos o tempo todo para vivermos na Disneylândia.

— Deixe-me dizer outra coisa para você. A culpa não é totalmente de vocês. Parte dessa culpa está no modelo de crença enraizado nas culturas desde que as sociedades se organizaram.

"Desde que vocês se entendem como encarnados, lhes oferecem um Deus que os pune ou os punirá caso não sigam os princípios básicos da suposta Lei de Deus criada pelos homens. Aprenda uma coisa: Deus não muda suas leis e a que Ele sempre respeitará é a Lei do Livre-Arbítrio, essa, meu amigo, é imutável. Você é e sempre será livre, certo de que tudo o que fizeres de ruim deverá ser reparado".

— É verdade. Um dia desses, aqui no Brasil, houve uma enchente muito grande em um estado e algumas pessoas disseram que a ira de Deus recaía sobre aquele lugar. Eu sempre acreditei nas Leis imutáveis de Deus.

— Isso é cultural, Osmar.

— Eu não acredito em ira de Deus, Lucas.

— Vocês precisam do medo para justificar a falsa moralidade. É triste, mas é isso...

“Deus não é humano, Osmar. Deus nunca foi humano. Por esse motivo, nunca teve, e nunca terá, sentimentos humanos. Os sentimentos de Deus são sentimentos divinos.

“Você sabe o que é um sentimento divino, Osmar?”

— Não, Lucas.

— São sentimentos desconhecidos para aqueles que vivem como humanos, pois nunca se aproximaram do que é divino. Por esse motivo, não atribuam a Deus seus desejos sombrios e suas fantasias…

— Eu sempre digo que, se todas as pessoas encarnadas tivessem passado pela experiência de quase morte que passei, o mundo seria melhor.

— Acho que você deveria contar.

— Contar o quê?

— O que é uma experiência de quase morte e como foi a que você viveu.

— Posso contar.

— Sim, conte. Para que todos possam ouvir de você o que é a vida após a morte.

— Antes, posso lhe perguntar uma coisa, Lucas?

— Sim.

— Você sabe o que me aconteceu naquele dia, não sabe?

— Sim, estávamos lá.

— Ah, era exatamente isso que eu queria saber.

— O que você queria saber?

— Vocês estavam lá?

— Sim. Qual é a surpresa?

— E não fizeram nada?

— Se fizéssemos, mudaríamos sua história e não temos permissão para mudar a história de ninguém. Aliás, é bom que todos vocês saibam que nós, os espíritos, não temos o poder de mudar o destino de ninguém.

— Sério, Lucas?

— Parem de nos comparar a Deus. Não somos Deus. Somente Ele pode interferir ou mudar o destino dos Seus filhos. E posso lhes garantir que Ele não o faz…

“Eu também sou filho de Deus.

“Eu também tenho minhas provas.

“Eu também preciso dos desafios evolutivos.

“O grande problema de vocês é que pensam que somos alguma coisa que não somos. Algo sobrenatural…

“Somos espíritos como vocês.

“O que nos difere são os planos espirituais em que nos encontramos atualmente. Só isso.

"Posso ter mais sabedoria que você, porque já passei pela maioria das experiências que você está passando nesta encarnação ou pelas provas que você ainda passará. Mas isso não me torna melhor nem pior que você. Só me torna mais intelectualizado. Só isso...

"O grande problema dos espíritas e de quem acredita em espíritos é achar que conseguimos resolver todas as suas questões. Acham que podem nos comprar com oferendas, presentinhos etc. Mesmo que tentem nos comprar com isso, na maioria das coisas que vocês precisam, nós não conseguimos ajudar...

"O que me torna um pouco melhor são minhas conquistas espirituais. São elas que tornam meu corpo espiritual mais sutil, o que me possibilita ir a lugares que infelizes irmãos com corpos mais densos não conseguem acessar. Dessa forma, em algumas coisas, realmente podemos interferir para ajudar, principalmente quando ocorrem com vocês problemas relacionados aos processos obsessivos. Sobre esses, temos realmente algumas vantagens.

"Minhas conquistas são pessoais, assim como as suas.

"Evoluir é se tornar mais sutil, e não mais capacitado...

"Poder, aqui, é uma coisa que ninguém quer, meu nobre escritor."

— Meu Deus...

— O erro da maioria de vocês é nos endeusar... Ainda não somos Deus. Somos filhos de Deus em treinamento, como você. Só isso...

— Compreendo, Lucas, e acho perfeito.

— Imagine, Osmar, um espírito em uma colônia na condição de poderoso. O que ele faria? Qual seria a função de um espírito poderoso, se ele existisse?

— Acho que nem a palavra "poderoso" cabe a um espírito que tenha alcançado alguma superioridade.

— Aqui as coisas são semelhantes às coisas daí. Acontece que aqui não tem banco, dinheiro, televisão, fama, internet, redes sociais, beleza física... Nada disso tem valor aqui. Então, me responda, para que serviria algum tipo de poder aqui?

— Quem sabe seria para ter espíritos trabalhando para você?

— Empregados ao meu dispor, é isso?

— Mais ou menos isso.

— E o que meus empregados fariam, Osmar?

— Ah, sei lá... Cumprir ordens suas, talvez.

— Que tipo de ordem?

— Ajudar uma pessoa encarnada, por exemplo?

— Não temos nenhuma força ou poder sobre o livre-arbítrio. Eu, mesmo se quisesse, não conseguiria mudar o destino de quem quer que seja.

"O livre-arbítrio, Osmar, é o que nenhum espírito consegue mudar. Não temos nenhum poder ou capacidade de mudar nada daquilo que você decide. Você é livre e essa liberdade é atributo da divindade. Vem de Deus e ninguém pode mudar…

"Se um espírito chega à vida espiritual desejoso de ter poder sobre outros espíritos, ele é atraído imediatamente para o lugar onde outros espíritos agem como ele, e esse lugar não é uma colônia. Para isso, estão plasmados os umbrais.

"Para que você consiga viver em uma cidade espiritual, dois dos atributos necessários são a humildade e o amor incondicional. Enquanto você não atingir isso em essência, os portões das cidades espirituais estarão fechados para você."

— Realmente, o poder não tem nenhuma utilidade na vida espiritual, Lucas. Todos precisamos saber que, sem amor, carinho, sabedoria e humildade, estamos muito distantes de Deus.

— Se existisse poder, a vida espiritual não existiria.

— Concordo, Lucas.

— Aqui você só é maior quando aprende a amar todos igualmente.

"Aqui você só é famoso quando chega da encarnação, recebido com louvores pelo que fez em suas encarnações, por suas obras.

"Aqui você só é poderoso se souber ser humilde o suficiente para amparar todos que sofrem."

— Deus é bom, né, Lucas?

— Bom, justo e perfeito.

— Obrigado, meu amigo.

— Vamos em frente.

— Vamos...

“

A morte é um acontecimento biológico intrínseco a todos os espíritos encarnados.

”

Osmar Barbosa

EQM — Você já ouviu falar?

Atendendo à solicitação do Lucas, decidi escrever sobre a experiência de quase morte (EQM) porque tenho um lindo e emocionante relato a fazer.

Como prometi anteriormente a vocês e ao Lucas, relatarei agora o acontecimento que mudou totalmente a minha vida.

Em todas as psicografias que faço, levo um pouco das experiências instrutivas que recebo diariamente, e nesta psicografia não seria diferente.

Vamos entender o que é a experiência de quase morte? Compartilho a seguir uma matéria muito interessante sobre o tema.

O que viram e sentiram os que estiveram no limiar da morte?*

Pessoas consideradas clinicamente mortas por alguns minutos afirmam, após se recuperar, ter sido transportadas para outra dimensão da existência.

* Matéria retirada do portal Espiritualidade Ecumênica

O assunto, classificado como experiência de quase morte (EQM), intriga o ser humano desde tempos imemoriais, sendo objeto de pesquisa do psiquiatra, psicólogo, parapsicólogo e filósofo norte-americano Raymond Moody Jr. há mais de quatro décadas.

O médico já entrevistou milhares de indivíduos — entre estes, pacientes em estágio terminal em razão do câncer, da aids ou de outras doenças graves e aqueles que estiveram em coma devido a acidente ou tentativa de suicídio — em várias partes do mundo, tendo identificado nos inúmeros relatos colhidos muitas semelhanças, mesmo em diferentes culturas e classes sociais. Todos com quem ele conversou narraram situações análogas às de um estado espiritual de consciência.

O Fórum Mundial Espírito e Ciência, da LBV, com suas atividades permanentes, tem fraternalmente reunido, desde 2000, especialistas das diversas áreas da sociedade para tratar desses assuntos de relevância, a exemplo da morte e da vida após ela. Como afirma seu criador, Paiva Netto: "Cizânia, radicalismos, hostilidades de todos os matizes devem permanecer afastados dos debates e das proposições religiosas, filosóficas, políticas, científicas, econômicas, artísticas, esportivas e o que mais o seja, pois o ser humano nasce na Terra para viver em sociedade, Sociedade Solidária Altruística Ecumênica".

Por isso, esta matéria apresenta os principais trechos da entrevista exclusiva que o Dr. Moody concedeu à Super Rede Boa Vontade de Comunicação (rádio, TV, publicações e internet), na qual destacou o que tem observado ao longo desses anos de estudo acerca da EQM, bem como avaliou questões investigativas, éticas e de transformação existencial. Vale a pena ler a matéria e meditar sobre o tema, cujo conhecimento é de grande valor para toda a humanidade.

DEFINIÇÃO DE EQM

Dr. Raymond Moody Jr. — Experiência de quase morte é uma forma de consciência transcendental ou um estado alternativo de consciência que acomete o indivíduo que se encontra em um estado fisiológico extremo. O coração pode parar, e a respiração também, mas, mesmo assim, do ponto de vista desse indivíduo, ele entra num estado muito profundo de consciência transcendental.

O QUE AS PESSOAS DIZEM AO SAIR DESSE ESTADO

Dr. Moody — Elas deixam o corpo físico, passam por um túnel e entram em uma dimensão sobre a qual todas — não importa quão articuladas e educadas sejam — dizem que simplesmente não existem palavras para descrever a sensação [do que sucede nela], pois isso está além do que pode ser expresso pela linguagem. Entram em uma dimensão que é muito mais real que a física, na qual estamos agora; percebem uma luz que traz muito conforto, alegria e amor; encontram parentes ou amigos que morreram e que parecem estar lá para recebê-las, saudá-las e ajudá-las durante a transição.

Ao retornarem, contam que, em um instante, veem tudo que fizeram em um tipo de holograma e recapitulam cada ato de sua vida, não do ponto de vista que tinham quando aquela ação ocorreu. Em vez disso, elas se identificam empaticamente com quem interagiram naquele momento.

Assim, caso se vejam realizando algo maldoso a alguém, sentem tristeza. Quando é algo gentil, vivenciam os bons sentimentos do que fizeram. Então, voltam dizendo que não têm mais medo da morte, porque a experiência que tiveram as convenceu de que o que chamamos de morte é uma transição para outra realidade, e que o importante nesta vida é aprender a amar.

Já viajei por todos os continentes, exceto pela Antártida, e em todos os lugares ouço o mesmo tipo de história.

O médico norte-americano Raymond Moody Jr. é o criador da expressão "experiência de quase morte". Em 1975, ele consagrou a sigla EQM ao lançar seu primeiro livro, Vida depois da vida, no qual traz cem relatos de indivíduos que passaram por morte clínica. A obra tornou-se best-seller internacional, com mais de 13 milhões de exemplares vendidos.

DEPOIS DO ROMPIMENTO, O QUE MUDA?

Dr. Moody — É comum que muitas pessoas que tiveram uma EQM nos contem, quando retornam, que a relação delas com a religião se tornou menos restrita a uma denominação doutrinária específica. Em outras palavras, elas nos dizem que a experiência lhes ensinou que todas as grandes religiões têm uma abordagem interessante do assunto. De forma geral, essas pessoas declaram que se aproximam de descrições mais holísticas. Voltam dessa experiência e afirmam: "Sim, existe uma dimensão espiritual". Não importa exatamente qual ideologia religiosa elas tenham.

SOBRE O SER DE LUZ QUE APARECE NAS EQMs

Dr. Moody — Pessoas de todo o mundo me relatam que, frequentemente, a retrospectiva de sua vida ocorre na companhia de um ser de luz, dotado de total compaixão e amor, que as ajuda durante esse processo, chama a atenção delas para determinados aspectos e as auxilia a entendê-los. Cristãos tendem a enunciar que é Cristo. Judeus afirmam ser Deus ou um anjo. Estive na Índia, e lá muita gente me disse que esse ser era a luz da compaixão. Às vezes, as pessoas definem esse ser de acordo com seu contexto cultural, mas a descrição dele parece similar em todo o planeta.

RELAÇÃO ENTRE TEMPO E DURAÇÃO DE UMA EQM

Dr. Moody — Talvez não seja correto falar em duração de uma EQM, porque as pessoas revelam que, assim que entram nesse estado, o tempo desaparece. Uma mulher afirmou: "Raymond, você pode dizer que minha experiência durou um segundo ou dez mil anos. Não faz a menor diferença." Portanto, o tempo não é um fator, exceto quando [as pessoas] narram a experiência, [caso em que] elas precisam de uma referência temporal, porque a linguagem é sequencial.

Agora, uma coisa podemos assegurar: quanto mais durar a parada cardíaca de uma pessoa, mais envolvente e complexa se tornará, aparentemente, a EQM. Por exemplo, alguém que teve uma parada cardíaca momentânea conseguirá contar apenas um, dois ou três detalhes, como "saí do meu corpo e comecei a passar por um túnel", enquanto os que tiveram uma parada cardíaca mais demorada poderão revelar cinco, seis ou sete pontos comuns.

Os que sofrem paradas cardíacas incrivelmente longas (...) nos relatarão, normalmente, histórias mais complexas. Podemos dizer que a duração da EQM é possível de ser medida mais pelo aspecto da complexidade do que pelo do tempo.

EVIDÊNCIAS CIENTÍFICAS E NOVOS MEIOS DE INVESTIGAÇÃO

Dr. Moody — Até este momento, a noção de que existe vida após a morte não é cientificamente válida ou inválida, mas isso não quer dizer que não seja relevante. (...) A questão de como verificar uma experiência transcendental ainda é muito vaga.

Você quer saber se vejo maneiras de fazer isso no futuro? Sim, vejo. Acho que teremos de expandir nossa lógica. Talvez a objeção mais séria levantada contra a tese da vida após a morte seja a de que [essa tese] é ininteligível. Acredito muito que podemos trabalhar nela daqui em diante, pois o fato de algo ser ininteligível não é mais um obstáculo para a investigação racional.

É preciso um novo sistema de lógica que nos permita refletir acerca de coisas que até agora não fazem sentido. Nessas condições, encontraremos aspectos de nossa mente que não sabíamos que tínhamos. A mente tem capacidade plena para computar coisas ininteligíveis ou pensar sobre elas de forma racional, coerente e lógica.

SEM MEDO DA MORTE

Dr. Moody — Pessoas que vivenciaram uma EQM afirmam sempre que não têm [mais] medo da morte. Para aqueles que estão com saudade de seus entes queridos que morreram, elas dizem que nós os veremos novamente. (...) Essas experiências confortam quem está passando pelo luto. Eu já vi isso repetidas vezes, desde a primeira vez que comecei a falar sobre o assunto em público, em 1970. (...) O episódio que chamamos de vida é somente uma pequena parte de algo bem maior.

No instante da morte, nossa consciência é, de alguma maneira, transmitida para um estado de realidade maior e mais inclusivo. O objetivo disso parece ser, de algum modo, algo que achamos muito difícil de conceituar no estado em que nos encontramos agora, [algo] que faz parte de um progresso.

Ouço pessoas dizerem que o desenvolvimento de nossa alma e de nossa vida continua em outra dimensão da realidade após o evento que chamamos de morte.

EQMs E SUICÍDIO

Dr. Moody — Já foram realizados estudos que indicam que o conhecimento sobre EQMs tende a diminuir a ideação suicida. Sabemos de indivíduos que tiveram EQM como resultado de uma tentativa de suicídio.

Eles nos disseram que nunca mais tentarão matar-se, [pois] aprenderam com a experiência que, mesmo quando os tempos são difíceis, a vida tem um propósito.

Também nos contaram que perceberam que, caso a tentativa de suicídio tivesse dado certo, precisariam ver a tristeza e a dor que aquela ação causaria nas pessoas queridas, as quais deixariam para trás.

“

Se a vida se resumisse a somente uma encarnação,
não faria sentido a existência de Deus.

”

Osmar Barbosa

Minha experiência de quase morte

Como pudemos ler no texto anterior, aqueles que passam pela experiência de quase morte têm suas vidas modificadas, e esse é o meu caso.

Tive uma infância muito difícil. Nasci em uma família muito pobre, mas feliz.

Perdi a minha mãe quando tinha somente 14 anos. Foi em um domingo, dia 15 de dezembro de 1974. A minha mãe e o meu padrasto saíram para almoçar e, ao dormir ao volante, ele chocou o seu carro contra uma carreta carregada de abacaxis.

Fernando, meu padrasto, teve morte imediata. Já minha mãe e minha avó, a qual também estava no carro, foram levadas para o hospital mais próximo.

Após acordar e dar o endereço de nossa casa e mais algumas informações, minha mãe teve uma hemorragia interna e faleceu.

A minha avó, após quase seis meses de internação, teve alta e passou a cuidar de nós. A coitada quase não sobreviveu.

Foram tempos muito difíceis, pois tive que deixar os estudos e trabalhar para auxiliar no sustento de minhas duas irmãs, que passaram a morar com uma tia. Meu tio exigia que eu trabalhasse em seu comércio para pagar as despesas relacionadas a mim e às minhas irmãs.

A vida foi passando. Aos 18 anos, eu finalmente consegui um bom emprego. Fui contratado por um banco como mensageiro, o que chamamos hoje de *office boy*.

Sempre fui muito dedicado e curioso, e a curiosidade, o empenho e a dedicação me levaram longe na carreira bancária.

Tanto que, aos 23 anos, me tornei operador de valores do banco junto ao mercado financeiro, o que me rendia um extraordinário salário. Assim, consegui muita coisa ainda muito jovem.

Eu havia acabado de me separar da minha primeira esposa e havia alugado um lindo apartamento, onde eu era muito feliz.

Havia acabado de comprar meu primeiro carro. Eu estava vivendo o melhor momento da minha vida. Tinha dinheiro suficiente para ajudar não só as minhas irmãs, mas também todos os que eu mais gostava.

Era um domingo de sol quando meu cunhado, esposo da minha irmã, me convidou para uma partida de futebol em um bairro distante.

Feliz, me preparei e fui ao encontro dos amigos de infância para um domingo de futebol.

O jogo era desafiador, pois o time que ganhasse a partida ficaria com o mando de campo. Assim, meu cunhado se preocupou em chamar os melhores. Modéstia à parte, eu era, na época, o melhor goleiro que existia no bairro.

Resultado, estávamos ganhando de goleada. Foi quando um rapaz entrou no campo perto de mim, pegou a bola e disse que não haveria mais futebol ali.

Foi combustível suficiente para uma briga generalizada. O que não havíamos maldado era que isso era, na verdade, uma armação. Eles queriam arrumar uma confusão para fazer o que fizeram.

Um rapaz se aproximou e começou a atirar em mim com um revólver calibre 38.

Ele me acertou cinco vezes e eu caí ao solo, sangrando muito.

Para a minha sorte, um menino que estava assistindo ao jogo correu para a via principal para fugir do local. Foi quando ele avistou uma viatura policial e informou o que estava acontecendo.

A polícia imediatamente se dirigiu ao local e me socorreu, me levando para o pronto-socorro mais próximo.

Eu sempre vi espíritos, como relatei anteriormente, mas nunca me relacionei com nenhuma religião — eu não disse nenhuma.

Em minhas crises de vidência, minha mãe me levava à igreja católica ou até a casa da minha avó, que era rezadeira, e as coisas melhoravam.

Ao chegar no pronto-socorro, os médicos puderam constatar a gravidade do meu caso e me encaminharam para o centro cirúrgico após alguns exames de imagem.

Equipe preparada. Eu, deitado na maca, implorava aos médicos que me apagassem, pois não suportava a dor que dilacerava meu peito.

Como disse, foram cinco tiros que me atingiram: um no ombro direito; um no braço esquerdo; outro, no mesmo braço, perfurou meu peito e saiu muito próximo à região do coração; um na minha costela esquerda — esse me tirou um rim —; o último passou ao lado da minha sobrancelha, onde há a marca até hoje. Esse último tiro passou tão perto que pude ouvir a bala.

Meu estado era extremamente grave. Os médicos disseram para a minha família que as chances eram pequenas devido às lesões provocadas pelas balas e que eu precisaria de um milagre para sobreviver.

Ao me deitarem na maca do centro cirúrgico, uma médica se aproximou do meu ouvido e disse:

— Osmar, nós vamos apagá-lo agora...

Naquele instante, uma forte luz adentrou o centro cirúrgico e eu fui sugado para um enorme túnel de luz. Engraçado é que esse túnel nos atrai. Eu não tive como me livrar dele.

Olhei para trás e vi meu corpo sobre a maca e os médicos desesperados, tentando algo que não sei até hoje.

— Morri — disse a mim mesmo.

Eu tinha certeza de que os tiros haviam tirado minha vida. É impressionante como a consciência não nos deixa nessa hora. Tudo é muito real.

Entrei naquele túnel mesmo sem querer, como disse... É incrível, pois a luz é intensa, mas não ofusca nossa visão.

Cheguei a um lugar muito bonito, um jardim imenso, onde algumas pessoas dançavam uma música que até hoje ainda não ouvi nada parecido.

Eu estava extremamente aborrecido e xingava Deus:

— Como assim, morrer tão jovem? Por que permitiu que isso acontecesse comigo, Deus? Minha família, meu filho, como viverão sem mim?

Eu estava realmente muito aborrecido.

Olhei para o meu lado e percebi haver um pequeno banco, desses de ripas que encontramos facilmente nas praças de nossos bairros, espalhados pelo nosso país.

Decidi me sentar para me acalmar.

O ódio me fazia xingar Deus... Eu não entendia por que Deus tinha permitido que minha vida fosse ceifada daquele jeito. Eu nunca havia feito mal a ninguém...

Fiquei sentado olhando aquelas pessoas que dançavam, se divertiam e nem sequer olhavam para mim. Algumas até sorriam, mas não diziam nada.

Pensei estar no paraíso e que aquelas pessoas ou espíritos eram anjos.

Até agradeci a Deus por não ter ido para o inferno.

Eu me acalmei e aceitei a minha morte. Achava que estava no céu, pois era nisso que eu acreditava...

Fui me acalmando lentamente e comecei a ficar triste, pois estava ali sentado sozinho, sem ao menos saber onde estava.

Havia Deus me abandonado porque O xinguei?

Foi quando minha mãe apareceu por detrás de mim.

Olhei para ela e minha reação imediata foi pular em seus braços e abraçá-la como nunca.

— Mãe...

— Oi, filho.

— Mãe, que bom que você está aqui!

O mais impressionante de tudo isso que relato a vocês é que, em nenhum momento desse trágico acidente, eu chamei ou pensei em minha mãe. Já haviam se passado 12 anos de sua morte.

Vale lembrar também a todos vocês que estão lendo esta obra que eu havia perdido a minha mãe aos 14 anos. Ela tinha somente 32 anos quando morreu naquele acidente de carro com meu padrasto.

— Mãe — repeti enquanto a abraçava fortemente.

Então, ela me puxou para nos sentarmos no banco.

Ao sentar-se, ela guiou a minha cabeça carinhosamente para que eu me deitasse em seu colo.

E assim o fiz, deitando minha cabeça sobre suas pernas.

— Mãe, que saudade! — disse, apaixonado.

— Meu filho, fique calmo. Está tudo bem!

— Mãe, que saudade eu estava de você!

— Eu também sinto muita saudade de todos vocês.

— Ah, mãe, como é bom estar aqui ao seu lado!

— Eu sei, meu filho, mas preciso lhe dizer uma coisa.

— Diga, mãe.

— Filho, você vai ter que voltar.

— Eu... voltar? Nem pensar, mãe. Quero ficar com você.

— Meu filho, você vai ter que voltar.

— Mas, mãe, eu não quero voltar. Quero ficar com você. Eu não tenho nada que me interesse lá. Quero ficar ao seu lado. Estou com muita saudade de você, mãe.

Confesso a vocês que posso sentir até hoje os dedos da minha mãe acariciando meus cabelos e a pele de seu rosto quando a beijei incansavelmente naquele dia.

— Filho, você vai ter que voltar. Olhe, seja justo, honesto e bom.

— Mas, mãe...

Acordei... Haviam se passado alguns dias. Eu estava intubado no CTI.

Logo uma enfermeira se aproximou de mim e me tirou dos tubos.

Eu estava muito aborrecido por voltar. Queria ter ficado com a minha mãe. E olhe que eu nunca — mas nunca mesmo, eu juro a vocês — havia ouvido falar em vida após a morte e, em nenhum momento do terrível acidente que sofri, pensei ou chamei pela minha mãe, como relatei a vocês. Afinal, já haviam se passado 12 anos de sua partida da vida física e o trauma daquele acidente nem sequer me permitia pensar em algo.

Os dias passaram e eu não contei nada disso para ninguém. Eu não sabia o que havia me acontecido. Como contar isso a alguém? Quem estaria disposto a ouvir minha EQM? Eu nem sequer sabia que o nome do que havia me acontecido era experiência de quase morte...

Algum tempo depois, reencontrei uma menina que era, na verdade, uma paquera de barca. Todos os dias, eu estacionava meu carro próximo à estação das barcas e pegava a barcaça que atravessa até hoje a Baía de Guanabara. Eu gostava de sentir a brisa da manhã em meu rosto enquanto navegava em direção ao centro do Rio de Janeiro, onde ficava o banco em que eu trabalhava.

Nós nos paquerávamos, mas nenhum dos dois havia tomado a iniciativa de se procurar. Naquele dia, ela se aproximou de mim e disse:

— O que houve com você? Por que está tão magro assim? Você está com aids?

— Não, claro que não.

— Mas o que houve?

— Sofri um acidente.

— Percebi que você quase não consegue andar.

— É, eu continuo me recuperando.

— Mas o que houve?

— É uma história longa.

— Conte para mim...

Essa travessia durava, naquela época, cerca de 20 minutos. E esse tempo não foi suficiente para explicar a ela o que havia realmente acontecido comigo. Eu estava muito envergonhado e muito magro.

Assim, marcamos de voltar juntos à tarde na mesma barca, onde finalmente lhe contei todo o ocorrido.

Então, ela me perguntou:

— Você tem religião?

— Não.

— Já ouviu falar de Allan Kardec?

— Não.

— Já ouviu falar de Chico Xavier?

— Sim, eu já ouvi falar dele. É o cara que escreve cartinhas dos mortos, não é?

— Chico é muito mais que isso, Osmar.

— Agora você me deixou curioso.

— Eu gostaria de lhe fazer um convite. Você topa?

— Claro, pode fazer.

— Quero convidá-lo para uma sessão espírita em minha casa.

— Sessão espírita?

— Sim, a minha mãe faz uma reunião semanal de mesa branca. É quando estudamos o Espiritismo e, às vezes, temos a presença de algum mentor espiritual, que incorpora em minha mãe para nos orientar.

Aceitei de pronto, e foi nessas reuniões que tive o primeiro contato com o Espiritismo.

Frequentei esses encontros por alguns meses, até que, um dia, estávamos reunidos estudando quando um mentor espiritual se manifestou na mãe dela. Ela, então incorporada, se aproximou de mim e disse:

— Boa noite, Osmar.

— Boa noite — respondi educadamente.

— Você sabe quem sou eu?

— Não, não sei.

Percebi ser um homem em um corpo de mulher. Mas não me identifiquei com aquele espírito.

O mais impressionante desse primeiro contato foi que a mãe da minha amiga era muito baixa, mas, quando ela incorporou aquele espírito, parecia ter três metros de altura.

Então, ele disse:

— Já que você não sabe quem sou, estou indo embora.

A médium voltou a sentar-se na mesa e o espírito foi embora. Logo em seguida, ela recebeu outro mentor, que se levantou e veio em minha direção, dizendo:

— Boa noite, Osmar.

— Boa noite, senhor.

— Sabe quem eu sou?

— Sim, sei. Só não sei o seu nome.

Ele, então, revelou:

— Sou o seu mentor espiritual, e temos uma missão a cumprir juntos. Temos um trabalho que é preciso realizar.

— Estou ao seu dispor, meu amigo — disse, emocionado.

— Procure um centro espírita sério e desenvolva a sua mediunidade. Temos muito o que fazer.

— Mas, senhor, eu nunca senti nada. Só vejo espíritos, mas não sinto mais nada, nadinha mesmo…

— Procure o centro espírita e deixe o resto comigo.

Assim, meus amigos, estou onde estou…

Após peregrinar por várias religiões, foi no Espiritismo que encontrei as respostas para tudo o que me acontecia desde menino e para a experiência que me levou ao encontro com a minha mãe.

Foi no Espiritismo que encontrei as respostas para os meus mais íntimos questionamentos.

Foi e é no Espiritismo que encontro a razão para nunca desistir dos meus sonhos.

Abracei a missão a mim apresentada naquele dia e jamais recuarei, pois aprendi e aprendo todos os dias que não sou um acaso, que nada está ao acaso e que tudo o que me acontece tem um motivo, uma razão. É por isso que trabalho incansavelmente levando as mensagens que me são trazidas pelos espíritos amigos.

Saibam que nunca foi fácil e nunca será, mas Aquele que me julga não está encarnado.

Respeito e cumpro as leis dos homens, mas o que rege minha existência são as Leis de Deus e, por elas, vou aonde for chamado.

Hoje sou autor de muitos livros graças ao dom mediúnico que carrego e pretendo, até o meu último dia de encarnado, continuar escrevendo.

Com o passar dos anos, fundei algumas casas espíritas, até que chegamos à Fraternidade Espírita Amor e Caridade. Graças aos recursos oriundos dos livros e à ajuda de muitas pessoas de bem, construímos o Hospital Espiritual Amor e Caridade, instituição filantrópica sem fins lucrativos que atende milhares de pessoas todos os meses no bairro de Itaipu, em Niterói, Rio de Janeiro.

Fundamos, ainda, a Tenda Espírita Santa Catarina de Alexandria (TESCA), nosso amado terreiro de Umbanda, onde socorremos irmãos necessitados de tratamentos com as linhas de trabalho da Umbanda e com a deametria.

Temos alguns projetos sociais que atendem as comunidades do entorno do nosso hospital.

O Projeto Quilo Fraterno distribui centenas de cestas básicas mensais para famílias devidamente cadastradas em nosso projeto.

O Projeto Aurora Barbosa atende gestantes em situação de vulnerabilidade. Entregamos o enxoval completo do bebê que está por nascer e assistimos mãe e criança durante os primeiros seis meses de vida, doando para essa família cesta básica, fraldas, remédios e tudo o que a criança e a mamãe precisam.

Também temos outros projetos de amparo, pois entendemos que uma porta aberta pela caridade não deve ter cadeado nem, muito menos, portão.

Sigamos com o livro...

“

A mediunidade é um dom divino, que divinamente devemos exercer.

”

Lucas

Como tudo começou

Após inserir neste livro o que o Lucas havia me solicitado, retornamos à nossa conversa.

— Era isso que você queria que eu colocasse no livro, Lucas?

— Sim, eu acho importante que todos leiam o seu relato e acreditem que todos são espíritos eternos e que a responsabilidade em assumir um serviço caridoso vai muito além desta encarnação.

— Agora entendi porque você me pediu para contar minha experiência.

— É para que todos se conscientizem da responsabilidade que irão assumir.

— Obrigado, Lucas.

— Osmar, conte a todos, por gentileza, como tudo começou para você a partir do evento de quase morte.

— Sim. Após essa incrível e transformadora experiência, fui em busca das respostas para o que me havia acontecido. Como não achei nas igrejas que visitei, procurei no Espiritismo as respostas, como contei anteriormente. Assim, consciente de minha nova condição, me dediquei a estudar e desenvolver a minha mediunidade, seguindo as orientações do Rodrigo, que sempre me dizia que eu deveria me preparar para abrir a porta.

— O que seria abrir a porta, Osmar?

— "Abrir um centro espírita", o Rodrigo respondia quando questionado por mim.

— Entendi.

Amigos leitores, dois anos após minha inicialização na Umbanda, novamente por orientação do Rodrigo, conversei com minha mãe de santo sobre a minha feitura, porque, segundo o meu mentor, eu precisava adquirir os conhecimentos de sacerdócio para a segurança de nosso trabalho. Isso ocorreu naquele mesmo ano.

Assim, após quatro meses de feitura de santo, abri meu primeiro centro espírita.

Era bem pequenino, mas o que mais me chamou atenção foi que o Rodrigo exigiu que tivesse uma maca.

Eu nunca — nunca mesmo — ouvira falar sobre tratamento espiritual ou cirurgia espiritual. Esse era um universo que eu nunca havia pesquisado, estudado ou até mesmo ouvido falar.

Na minha cabeça, iríamos abrir um centro espírita para o Rodrigo atender e ajudar algumas pessoas.

O centro era bem pequeno, como disse, e ficava em uma laje, em cima da casa das minhas irmãs. Logo tivemos problemas, pois o público não parava de crescer e minhas irmãs ficaram muito incomodadas, com toda razão...

Em uma das sessões, logo no início do trabalho, Rodrigo, o meu mentor espiritual, materializou um punhal que tenho até hoje e começou a fazer as cirurgias espirituais na única maca existente no minúsculo centro espírita.

Foi quando, preocupado, me dediquei a estudar o fenômeno das cirurgias espirituais.

As firmezas foram colocadas em diversos lugares, sempre orientadas pelo Caboclo Ventania. Essa era nossa fortaleza espiritual.

Estávamos seguros e atendíamos centenas de pessoas todos os meses.

Não cabiam mais que 40 pessoas no centro e as filas eram enormes, pois todos queriam ser atendidos pelo mentor que realizava as cirurgias espirituais.

Nunca fui seguidor de nenhuma ideologia espírita. Éramos e somos até hoje espiritualistas. Para mim, a manifestação espiritual deve ser respeitada em qualquer vertente.

Estávamos no ano de 1989. Eu tinha apenas 29 anos e tudo era novidade para mim. Empenhado e dedicado, fui me transformando pouco a pouco.

Tínhamos um salão com um pequeno Congá, onde somente havia a imagem de Catarina de Alexandria e do cigano Rodrigo. Não havia mais nenhuma imagem, mais nada além de fé, amor e entrega ao trabalho edificante e recompensador.

Na porteira, havia uma firmeza para Exu. No lado esquerdo, outra para os caboclos. Havia também alguns pontos de força em todo o ambiente.

Um dia, vi quando duas senhoras chegaram afoitas e ansiosas para serem atendidas pelo Rodrigo, que estava incorporado em mim, atendendo todos que estavam nas filas.

Depois, elas se tornaram grandes amigas minhas, em especial a saudosa Luiza.

Ao ver aquelas senhoras entrando, o meu mentor disse:

— Sejam bem-vindas, duas viúvas.

Assustadas, elas se sentaram à sua frente. Foi quando Luiza disse:

— Olá, Rodrigo. Vim aqui para conhecê-lo. Trago minha amiga, que está com o marido internado em estado gravíssimo. A última esperança dela é você.

Foi quando ele olhou para ela e disse novamente:

— Vejo em minha frente duas viúvas.

— Mas meu marido não está doente. Ele está em casa esbanjando saúde, meu nobre mentor. Quem está muito mal é o marido da minha amiga...

— Pois lamento lhe informar, você vai ficar viúva antes de sua amiga.

As duas se entreolharam, descrentes da revelação do mentor, que sugeriu que elas voltassem na sessão seguinte e trouxessem uma camisa do paciente internado no hospital, o que foi feito.

Passados dois meses, recebi novamente a Luiza. Dessa vez, ela chegou chorosa e triste no centro espírita. Ela acabara de perder o marido. Ele morreu de infarto fulminante no quintal de casa enquanto varria as folhas de mangueira, que sujavam tudo.

O marido da amiga se recuperou.

A partir daquele dia, nos tornamos amigos inseparáveis. Nossa amizade só terminou com o desencarne da saudosa amiga Luiza. Que Deus e os bons espíritos a tenham em bom lugar!

Luiza me ensinou muita coisa de Umbanda, pois era mãe pequena de uma tradicional casa de Umbanda em Niterói, Rio de Janeiro. Chegamos a trabalhar juntos em outro centro espírita, mas não deu muito certo, pois o dirigente morria de inveja do Rodrigo.

— Lucas, quero aproveitar este livro para transmitir a todos um alerta sobre atitudes, atos e decisões que acabam com um terreiro de Umbanda. Acho útil que todos reflitam sobre o que falarei a partir de agora.

— Siga em frente, Osmar.

— É importante, Lucas, que nossa experiência seja passada adiante. Assim, todos aprendem.

— Se tudo o que aprendeu e aprende no dia a dia da casa espírita ficar guardado com você, qual será a utilidade de seu conhecimento e experiência quando você morrer?

— É isso que penso, Lucas. Se eu guardar o que aprendi em minha relação com vocês no dia a dia da casa espírita, acredito que minha encarnação não terá sido útil.

— Siga em frente.

Prestem muita atenção no que vou escrever, amigos leitores.

Um terreiro de Umbanda acaba quando a vaidade é maior que a caridade.

Um terreiro de Umbanda acaba quando a fofoca e a intriga são maiores que o estudo e a disciplina.

Um terreiro de Umbanda acaba quando a maledicência fala mais alto que a beneficência.

Um terreiro de Umbanda acaba quando a atração sexual fala mais alto que a união fraternal.

Um terreiro de Umbanda acaba quando a higiene física, astral e mental não é rigorosamente observada.

Um terreiro de Umbanda acaba quando falsos médiuns são admitidos pelo dirigente na corrente apenas com o intuito de aumentar a arrecadação financeira da casa.

Um terreiro de Umbanda acaba quando as "festas" e as "homenagens" são mais importantes e concorridas que as "giras de atendimento" e as "reuniões de estudo".

Um terreiro de Umbanda acaba quando as "guias" (colares) são mais importantes que os "guias" (mentores).

Um terreiro de Umbanda acaba quando os "pontos" são cantados sem emoção e quando os "pontos" são riscados sem noção.

Um terreiro de Umbanda acaba não porque os guias se afastam dos médiuns, mas porque os médiuns se afastam dos guias.

Um terreiro de Umbanda acaba quando se cobra o que **não deve ser cobrado**.

Um terreiro de Umbanda acaba quando **não se cobra** o que deve ser cobrado.

Um terreiro de Umbanda acaba quando a "mágica" substitui a verdadeira magia.

Um terreiro de Umbanda acaba quando o "visível" é mais importante que o invisível.

Um terreiro de Umbanda acaba quando faltam a ética, o bom senso e o respeito.

Um terreiro de Umbanda acaba quando acabam a fé, o amor e a verdade.

— Acho muito importante que todos reflitam sobre as linhas anteriores antes de se proporem a abrir um centro espírita.

— Parabéns, Osmar.

— Obrigado, Lucas.

— Continue...

— Voltemos ao meu passado, Lucas.

— Continue.

Aquele pequeno centro espírita curou muita gente. Eu me lembro de uma mãe que nos procurou com um menino de colo.

A criança tinha uns sete anos.

Novamente, estávamos atendendo a fila, que, por vezes, chegava a 400 pessoas.

Lembro-me de começarmos os atendimentos às 16h e terminarmos às 4h...

Era muito cansativo, mas todos precisavam de ajuda.

Um dia, essa mulher com o menino de colo chegou para um atendimento.

— Boa tarde.

— Em que posso ajudar? — perguntou Rodrigo.

— Ah, seu Rodrigo, o meu filho tem as perninhas tortas — disse ela, mostrando as pernas do menino para o nosso mentor. — Eu gostaria de saber se tem como o senhor fazer uma cirurgia espiritual para consertar as perninhas dele.

O mentor pegou a criança no colo, examinou as pernas e o devolveu à mãe, dizendo:

— Se eu fosse você, não mexia nas pernas desse menino.

— Por que, mentor?

— Porque essas pernas ainda irão lhe dar muitas alegrias.

— Alegrias? Como assim?

— Ele será um bom jogador de futebol.

— Como, com as pernas tortas?

— Espere e você verá.

Ela foi embora triste, pois não conseguiu o que queria com nosso mentor espiritual.

Passados alguns anos, ela me achou nas redes sociais e me mandou fotos do menino, agora rapaz, jogando em um time de futebol do nordeste do Brasil. Havia realizado seu sonho e estava muito bem com a profissão que escolheu.

Eram muitos os atendimentos. Centenas de pessoas nos procuravam para as cirurgias espirituais e para ouvir os conselhos do mentor, que atendia de um a um até altas horas da madrugada.

Detalhe: nunca se cobrou nada de ninguém... Tudo era feito de forma gratuita, conforme feito até hoje.

Um dia, meu mentor espiritual pediu que chamassem a minha irmã, que morava na casa de baixo, para que ela viesse conversar com ele. Também pediu que trouxesse seu marido, meu cunhado.

Estávamos muito próximos do Natal.

Assim, minha irmã adentrou o centro espírita com seu marido.

— Sente-se aqui, meu rapaz — disse meu mentor. Obedecendo, meu cunhado se sentou à sua frente. — Olhe, eu tenho um alerta a lhe dizer.

— Diga, Rodrigo.

— Quero lhe avisar o seguinte. Preste muita atenção.

— Sim, senhor. Pode dizer.

— Olhe, meu rapaz, se beber neste Natal, você não vai ver os fogos — disse ele, referindo-se ao *réveillon*.

Meu cunhado, embora muito novo, tinha problemas cardíacos e fumava muito.

— Quer dizer que eu não posso beber neste final de ano, senão vou morrer? É isso?

— Exatamente. Você não pode beber nas festas de final de ano. Se beber, não vai ver os fogos. Você precisa se cuidar. Sua saúde é frágil e a bebida é mortal para um homem como você.

Meu cunhado sempre foi espírita. A sua família era da Umbanda.

Minha irmã, ao lado, estava ouvindo tudo e prometeu que ele não beberia naquele Natal. E isso aconteceu.

Passamos o Natal juntos e meu cunhado não bebeu nada.

Foi divertido. Estávamos todos muito felizes.

Acontece que, no dia 28 de dezembro, o meu cunhado foi para a casa dos pais dele, que não sabiam sobre o aviso do nosso mentor, e bebeu tudo o que podia.

E ficou bebendo todos os dias até que, no dia 30 de dezembro, teve um infarto fulminante no trabalho e morreu.

Enterramos ele no dia 31 de dezembro, às 16h. Meu cunhado não viu os fogos...

Casos como esse que contei a vocês eram comuns em nosso trabalho.

Dezenas de pessoas foram curadas através das cirurgias espirituais realizadas naquele ambiente.

Três anos depois, tive que fechar o centro espírita, pois o espaço físico não comportava a demanda de pessoas que nos procuravam, necessitando de ajuda.

Minhas irmãs me impediram de dar continuidade àquele lindo trabalho que fazíamos na Casa Espírita de Oração Luz do Oriente. Elas estavam certas. As pessoas não se comportavam como deveriam na casa delas.

Nesse centro espírita, uma vez por mês, homenageávamos os guias, arquétipos e orixás da Umbanda. Tocávamos uma gira sem tambor, somente com cânticos e palmas. Eram muito gratificantes os encontros onde desenvolvíamos a mediunidade do pessoal dedicado ao trabalho caridoso do nosso centro.

Lembro-me de alguns pacientes que tiveram suas vidas totalmente modificadas com os ensinamentos do nosso querido Rodrigo, que sempre atendia todos pacientemente.

Havia uma jovem, cujo nome não lembro, que fez um tratamento espiritual conosco durante alguns meses.

Essa menina sofria terríveis dores de cabeça. Era muito magra e totalmente apática.

Nunca havíamos ouvido falar em desobsessão ou coisa parecida. Tínhamos nosso grupo de estudo, mas não tínhamos tempo para nos dedicarmos integralmente ao debate sobre o que estudávamos.

Um dia, o Rodrigo orientou que ela voltasse no encontro em que eram saudados os arquétipos, pois o Caboclo Ventania iria ajudá-la.

Dia marcado, e lá estava a jovem com seus pais, à espera do atendimento com o guia-chefe de nosso pequeno centro espírita.

Os trabalhos começaram e, logo que incorporou, ele pediu que chamassem a menina e seus pais.

Eles foram ao encontro do caboclo, que, após cumprimentá-los, ordenou que a jovem fosse colocada em uma cadeira no centro do local onde a gira acontecia.

Em um ritual que me pareceu uma dança indígena, ele começou a circular a jovem, que, apática, desmaiou. Alguns médiuns correram para segurá-la, evitando sua queda ao chão.

Naquele momento, tudo ficou muito estranho. Após alguns cânticos e danças, a paciente finalmente acordou.

Ela olhou para seus pais e começou a chorar.

Pareceu para nós que ela acordava de um pesadelo ou que despertava naquele momento para sua realidade.

A mãe e o pai, emocionados, abraçaram a filha em lágrimas.

Algum tempo depois, fui procurado pela família com um pequeno presente em mãos.

— Seu Osmar?

— Oi! Como estão vocês?

— Olhe, nós viemos aqui para lhe agradecer pela cura da nossa filha — disse o pai.

— Ela nunca mais sentiu nada, seu Osmar. E olhe como está bonita! Até engordou dois quilos...

Naquele instante, olhei para a menina e fiquei muito feliz em ver que, realmente, aquela jovem apática era outra pessoa.

Ela estava sorrindo, alegre, e abraçava todos os médiuns em forma de gratidão pela mudança radical que acontecera em sua vida.

Foi quando a jovem se aproximou de mim e me abraçou calorosamente.

— Eu não tenho palavras para lhe agradecer, Osmar, pelo que você fez por mim.

— Não agradeça. Vá viver a vida e ser feliz.

— Eu queria muito dar um abraço naquele guia que dançou em volta de mim.

— No final do mês, ele vai estar aqui. Todo final de mês, ele vem para cuidar de alguns pacientes.

— Posso vir?

— Claro.

Então, ela me abraçou com mais ternura. Após os atendimentos, eles foram embora.

Na sessão seguinte com nosso guia-chefe, lá estavam eles com flores nas mãos para agradecer mais uma vez.

Foi um dos encontros mais lindos que presenciei em nosso trabalho.

Gratidão é tudo, né, pessoal?

Eu sofria muito com a ingratidão das pessoas que eram curadas ou até mesmo das que recebiam ajuda dos nossos mentores, mas que nunca se preocupavam em agradecer.

Quando penso nessas pessoas, lembro-me sempre da frase que o Lucas me disse uma vez: "A ingratidão é o verdadeiro caráter do falso amigo".

Era lindo e encantador aquele trabalho. Jamais esqueci ou esquecerei aquele grupo dedicado ao amparo e auxílio de todos que nos procuravam em sofrimento.

O tempo passou. Depois de alguns anos, voltei ao trabalho com meus guias.

Mas…

"

A Umbanda tem fundamentos. É preciso se preparar...

"

Osmar Barbosa

O ambiente de trabalho – Posto de socorro

Aprendi com o Espiritismo e, principalmente, com os orixás e arquétipos da Umbanda, durante minha formação ao sacerdócio, sobre a integração de fluidos extraídos do material, vegetal e animal, que são, na verdade, tipos de energias condensadas. Ao fundirmos essas energias aos fluidos espirituais oriundos de diversas fontes do Universo, acabamos por criar campos energéticos e magnéticos protetivos, que repelem energias densas, maléficas, doentias, indesejadas e espirituais.

Essa também é a fórmula usada pelos magos, feiticeiros e adeptos da Quimbanda para fazerem o mal.

Para que tudo que nos cerca nos mantenha em equilíbrio, é necessário que estejamos em perfeita sintonia fluídica, energética e espiritual com o meio em que vivemos, para, então, extrairmos benefícios infinitos durante nossa interação espiritual com o plano em que vivemos.

Os sacerdotes da Umbanda são iniciados nessa escola, onde, através da manipulação energética, fluídica e elementar, conseguem extrair o resultado desejado quando, por exemplo, preparam um banho de descarrego ou quando, através da composição das oferendas, atingem os objetivos desejados, sejam eles benéficos ou maléficos.

É muito importante ressaltar que o que estou relatando não é nada que foi inventado por mim. É, na verdade, um dos ensinamentos mais antigos que existem na humanidade. Tomemos como exemplo os antigos sacerdotes egípcios, que manipulavam as energias e os fluidos através dos rituais de oferenda, aliados a outros rituais místicos seculares.

Moisés ofereceu seu filho a Deus em sacrifício...

Desde que o mundo é mundo, a magia boa e a magia ruim são usadas para o bem ou para o mal. Fato...

Se analisarmos friamente e estudarmos o que nos revelam os espíritos, perceberemos que realmente tudo é energia e fluidos, que, quando manipulados ou condensados através do conhecimento e da sabedoria, transformam-se em outra coisa, que pode ser boa ou, infelizmente, ruim.

Todas as religiões do mundo seguem três princípios básicos. E o centro espírita não pode fugir dessa direção...

O primeiro princípio é o preceito.

O segundo, o fundamento.

Por último, o sacramento.

Preceito é aquilo que é feito antes do ritual: banhos, preparação do ambiente, seleção da roupa a ser usada, arrumação, limpeza, jejum, enfim, tudo feito antes da cerimônia acontecer.

Fundamento é aquilo que é feito durante os rituais: cânticos, tratamentos, palestras, orações, oferendas etc.

Sacramento é o que confirma a religiosidade: casamento, batismo, cerimônia fúnebre etc. É obrigatório na maioria das religiões.

Sendo assim, não é tão simples como parece abrir um centro espírita.

Na igreja católica, antes de qualquer missa ou evento ritualístico, há a defumação e a consagração dos elementos que serão utilizados em seus rituais (preceito).

Os monges se utilizam dos incensos para purificar o ambiente em que meditam (preceito).

Os umbandistas e os candomblecistas defumam e consagram todos os elementos que utilizam em seus rituais (preceito).

Todos sabemos que a principal função da defumação, realizada tanto na Umbanda quanto nas demais seitas religiosas através dos tempos, desde a Antiguidade, é, com a queima de ervas e resinas, modificar a energia existente no ambiente para equilibrá-lo, consoante à necessidade.

Na China, na Índia e em todos os lugares sagrados do mundo, há rituais de limpeza, sejam eles através da fumaça ou do lava-pé.

A água é o elemento mais utilizado em todos os rituais existentes no globo terrestre como purificador, além, é claro, de representar a vida nos rituais.

Pelo exposto nas linhas anteriores, há de se entender que algo energético e espiritual deve ser feito no ambiente em que serão atendidos todos os tipos de irmãos, com as mais variadas doenças. As defesas têm de ser preparadas (preceitos).

Lembremo-nos de que o intuito deste livro é auxiliar todos os que desejam abrir ou transformar seu local de trabalho espiritual em um posto de socorro ou um hospital espiritual.

Tudo o que envolve a Espiritualidade tem fundamentos, que precisamos respeitar.

Para que todos estejam seguros, independentemente dos problemas que irão enfrentar, se faz necessário que o ambiente esteja energeticamente, fluidicamente e espiritualmente seguro. Assim, passarei a descrever um dos fundamentos que se pode fazer para tornar seguro o trabalho a ser realizado.

Você pode não concordar, mas é meu dever orientar da forma correta, da forma como fomos orientados desde a primeira casa espírita aberta por mim, em 1989.

O plano espiritual em que estamos encarnados está dividido em várias dimensões. Alguns dizem ser nove; outros asseguram ser mais de vinte. Proponho falar somente das três principais, nas quais estamos neste momento.

As três principais são:

• Umbral superior — Onde estão as colônias espirituais e de onde vêm os espíritos que nos auxiliam diariamente.

• Médio Umbral — Onde estamos encarnados, convivendo diariamente com irmãos desencarnados que nem sequer se compreendem como espíritos ou percebem que estão desencarnados.

• Baixo Umbral — Onde ficam as regiões de sofrimento, tais como infernos, limbo, trevas, Vale dos Suicidas e outros vales, além das cidades para onde são destinados os espíritos trevais. É um local de muito sofrimento, dor e arrependimento pelas oportunidades desperdiçadas quando esses irmãos estiveram encarnados.

O que todos nós precisamos nos conscientizar é de que, para tudo na Criação, existe organização.

Deus não cria, não criou e, muito menos, não criará algo que fique ou esteja ao acaso. Se fosse ao contrário, Ele não seria Deus. Toda a Criação tem um propósito evolutivo. Tudo o que nos envolve está se modificando todos os dias, todas as horas, todos os segundos. Por esse motivo, ainda não temos a capacidade de compreender Deus.

Lembremo-nos de que Ele é a perfeição e, sendo perfeito, tudo o que criou, cria ou criará é perfeito.

Muitos de nós, quando deixamos a vida corpórea, após atingirmos certo grau evolutivo, recebemos a oportunidade de auxiliar os nossos irmãos mais evoluídos no equilíbrio terreno, a fim de melhorar as condições daqueles que ainda estão encarnados em provas e expiação, principalmente daqueles que estão ou estiveram ligados a nós nas últimas encarnações.

A esses amigos espirituais, damos o nome de guardiões, falanges, arquétipos, guias, mentores, anjos da guarda etc.

São os nossos amigos, familiares, parentes e irmãos que se foram e que desejam ardentemente que não desperdicemos nossa oportunidade enquanto estamos encarnados.

Assim, uma casa espírita vai muito além de móveis, mesas, cadeiras, armários, estatutos, regimentos, dirigentes, médiuns etc.

Uma casa espírita precisa, acima de tudo, de segurança espiritual, para que o trabalho realizado não seja penoso para aqueles que dedicam suas vidas ao auxílio do outro.

O risco que correm os tarefeiros, médiuns e dirigentes é muito grande, mas não se assuste. Vamos conduzi-lo a fazer a coisa certa.

Imaginemos que um irmão encarnado o procurou pedindo ajuda porque sofre muito. É uma pessoa totalmente infeliz. Sofre com doenças, azares e infelicidade. Nada do que essa pessoa faz tem êxito.

Imaginemos que essa mesma pessoa foi um terrível carrasco em sua encarnação anterior, tendo assassinado milhares de inocentes e queimado mulheres e crianças durante a Inquisição, e hoje sofre a perseguição espiritual de todos os inimigos contraídos pela maldade que fez em vida passada.

Imaginemos que esse irmão chega ao seu centro espírita pedindo ajuda. O que você vai fazer ao detectar que ele sofre severa perseguição espiritual de espíritos que não o perdoam pelo que fez no passado?

Primeiro, você acha mesmo que esses inimigos espirituais vão aceitar seus conselhos para perdoá-lo e seguirem a luz, quando você levar esse paciente para a desobsessão?

Acha mesmo que palavras doces e falar de amor vai convencer um espírito desencarnado a perdoar, tendo sofrido perdas terríveis nas mãos de um carrasco e possuindo a sede de vingança como seu único objetivo?

Segundo, se esse irmão que está em sua casa espírita e que sofre essa severa perseguição tivesse assassinado o seu filho ou a sua família em um ato de covardia, você o perdoaria?

Terceiro, você sabia que, quando chegamos à vida espiritual, não somos julgados e, muito menos, condenados por nada nem por ninguém? Porque, se fôssemos julgados por

Deus, Ele deixaria de ser Deus. Seria como nós, cheio de ódio e rancor no coração...

Você sabia que o livre-arbítrio é a Lei Maior, que rege toda a humanidade, e que é respeitado até por Deus, que foi quem o criou?

Deus nunca foi humano.

Não devemos humanizar Deus, O confundindo com as provas edificantes que chegam até nós para nos aperfeiçoar.

O que quero mostrar a todos vocês é que os tratamentos em um centro espírita, seja ele qual for, são complexos e precisam de atenção e preparo para que não sejam feitas mais vítimas com um trabalho equivocado. Você pode ser a próxima vítima, se não souber ou não respeitar o que está fazendo...

Não digo nada contrário a quem faz diferente ou acredita em algo diferente. Nossa intenção não é julgar. O que desejamos é mostrar não só os benefícios do trabalho caridoso, mas também alertar para os riscos. Temos esse dever.

Cuidado com o desconhecido. Nem tudo são flores...

Enfim, voltemos ao nosso plano espiritual.

No Umbral médio estão a maioria dos espíritos que expiam para evoluir. Aqui estamos todos misturados: espíritos bons, ruins, melhorados, conscientes e outros...

Para que todos possam evoluir, encarnados ou desencarnados, foi permitido pela Grande Ordem Espiritual que os espíritos desencarnados que já adquiriram um certo conhecimento sobre os dramas terrenos trabalhem auxiliando outros irmãos a evoluírem.

Lembremo-nos do maior ensinamento deixado pelo nosso modelo, Jesus: "Amai-vos uns aos outros como eu vos amei".

Entre nós, os encarnados, há uma infinidade de espíritos simpáticos à evolução planetária, que estão buscando as suas evoluções pessoais, já se compreendem como eternos e desejam a evolução no trabalho caridoso de amparo, aconselhamento e proteção àqueles que trabalham no bem comum. Alguns estão dispostos a tudo para ascenderem aos planos superiores, onde está a verdadeira felicidade.

É sabido e informado por diversos mentores espirituais que nossa evolução está condicionada àquilo que fazemos aos outros. Assim, onde você estiver, haverá espíritos desencarnados para auxiliá-lo.

A moeda de troca na Espiritualidade é auxiliar para ser auxiliado.

E o centro espírita é o local onde mais se concentram os espíritos desencarnados. Alguns estão em busca de ajuda; outros, em busca de uma oportunidade evolutiva. Ainda há aqueles que, empenhados em auxiliar o progresso da humanidade, trabalham incansavelmente no amparo a todos que precisam de orientação para seguirem evoluindo.

A Terra é uma grande escola e os planos espirituais são as faculdades, onde podemos nos tornar especialistas no ato de amar a todos igualmente.

Sendo assim, quando abre as portas do seu centro espírita, você pode receber pessoas queridas e outras indesejadas, não é?

O que você faz quando um bêbado adentra as portas da sua casa espírita?

E se esse bêbado não quiser ir embora, o que você faz?

A energia desse infeliz irmão é boa?

Ela atrapalha seu trabalho?

O que você faz quando recebe um irmão ou alguns irmãos desencarnados totalmente fora de sintonia com o trabalho que está realizando?

Você já foi testado por algum visitante que, descrente do Espiritismo, vai à casa espírita simplesmente para testar os médiuns que ali trabalham?

Há médiuns capacitados o suficiente para enfrentar essa legião de bêbados ou malfeitores?

Há segurança na sua porta para o visível?

E para o invisível, o que você está fazendo?

Você consegue vê-los?

Vai deixar tudo nas costas do seu mentor espiritual, toda a carga trazida pelos malfazejos?

Para isso, toda e qualquer casa espírita precisa de segurança espiritual — eu disse qualquer uma...

Não pense que o trabalho que você faz não atrai obsessores, magos, trevais, decaídos, malfazejos, quiumbas, eguns, errantes, disformes, ovoides, feiticeiros e espíritos que estão contra a ordem evolutiva da Criação. Sim, porque você não é obrigado a seguir evoluindo...

Não há nada obrigatório neste Universo.

Tudo que você acha ser obrigatório foi implantado em sua mente por algum interesse.

Não quero dizer que o mal não existe. Ele existe e é muito poderoso quando não nos preparamos para repeli-lo. Sim, porque o mal não se combate. Nós ainda não temos a capacidade de derrotá-lo integralmente. O mal se repele.

Aquele que dedica sua vida a combater o mal desconhece o que é viver...

Então, como preparar o ambiente espiritual para que possamos trabalhar com segurança?

Há uma receita?

Olhe, eu conheço muitas pessoas que, por desconhecerem, mas acreditarem no que foi escrito até agora, não ampliam os atendimentos em suas casas espíritas por medo do desconhecido.

Muitos centros espíritas não prestam o socorro necessário por falta de conhecimento sobre os elementos de segurança, que são simples. Não há complexidade em se preparar uma defesa espiritual.

Todos que dirigem um trabalho de socorro precisam se conscientizar de que é imprescindível se colocar na porta do centro espírita uma viatura da polícia espiritual, bem preparada, bem equipada e bem armada, para defender a casa espírita de todo e qualquer inimigo espiritual e humano.

Pense…

Onde você mora é seguro?

Quando um bandido aparece para roubá-lo, o que você faz? Quem você chama?

Você, como espírita cristão, consegue entrar em uma comunidade e convencer o chefe do tráfico a deixar de fazer o que ele faz porque Jesus o ama? Consegue?

Sejamos sinceros…

Para que possa entrar em uma comunidade dominada pelo tráfico de drogas hoje, do que você precisa?

Você entrará de peito aberto ou usará um veículo blindado e, se possível, com muitos policiais armados?

Para cada batalha, use a força proporcional.

Assim, um centro espírita, seja ele qual for, precisa de guardiões. E foi para atender à necessidade das casas espíritas que os orixás disponibilizaram seus arquétipos.

Você sabia que os arquétipos da Umbanda, em sua maioria, também são os guardiões das cidades espirituais?

Você sabia que todos os arquétipos da Umbanda, sem exceção, estão no mesmo plano espiritual que nós?

Você sabia que, em todas as colônias, há muros altos e guardiões do lado de fora para resguardar essas cidades de ataques trevais?

Se até as cidades espirituais sofrem ataques de obsessores, por que seu centro espírita estaria livre deles?

Acha mesmo que seu mentor espiritual não é auxiliado por espíritos que estão nessa dimensão e que são profundos conhecedores de tudo que há aqui?

Deixe o preconceito de lado. Olhe para os arquétipos com amor, por serem oriundos da fonte mais pura de amor...

Acontece que, por falta de coragem ou conhecimento, muitos dirigentes e trabalhadores das casas espíritas estão buscando a resposta nos vídeos fantasiosos disponíveis na internet.

São infelizes que se dizem espíritas, mas que nem sequer sabem o que é um espírito.

Há pessoas que usam o Espiritismo, a Umbanda e as demais denominações para ganhar fama ou dinheiro. Hoje em dia, as redes sociais se tornaram a coisa mais importante para esse tipo de gente. O que importa é somente o número de seguidores, contradizendo totalmente o trabalho sério que um posto de socorro deve fazer. Infelizmente, hoje, é isso que afasta e amedronta muitas pessoas de bem, que desejam auxiliar aqueles que sofrem através dos tratamentos espirituais gratuitos nos postos de socorro ligados à Espiritualidade Superior.

Como fazer?

Vou ter que pagar?

Eu só quero ajudar…

É complexo o que estamos ensinando?

Não tenha receio nem, muito menos, medo. Os guardiões que trabalham como segurança dos núcleos de socorro espiritual são espíritos como nós, que destinam sua evolução a nos auxiliar na tarefa do bem.

Não são espíritos da forma que venderam para você… Imagens demoníacas são criações humanas.

São irmãos que evoluíram e querem ajudá-lo. Pense assim e tudo ficará bem…

Uma defesa é muito importante.

Agora vou ensiná-lo a preparar uma defesa básica que garante que o trabalho em seu centro espírita esteja seguro.

Na entrada do centro espírita, do lado esquerdo de quem entra, você pode deixar alguns elementos à disposição dos guardiões, tais como: canivete; navalha; gilete; guizo de cobra com, no mínimo, sete trocas de pele; garra de Exu; olho de Exu; punhal; cadeado; um pedaço de corrente; chaves usadas; um pedaço da pedra malena, rubi ou turmalina negra, entre outros elementos fáceis de se achar em casas especializadas. Basta pedir elementos de Exus e explicar que você está disponibilizando na porteira do seu centro espírita elementos de defesa.

Por que colocar isso na entrada?

Os elementos citados anteriormente são elementos de conexão entre os planos. Assim, caso o guardião precise de algum desses elementos para afastar os inimigos da casa espírita que estejam ainda muito ligados ao plano material, tais como eguns, errantes e vagantes, ele vai utilizá-los.

Como colocar?

Você pode colocar os elementos em um porrão, uma espécie de vaso de barro grande disponível para venda em casas de artigos religiosos.

Aconselho, nos dias em que houver atendimento espiritual, que acenda uma vela palito de cor branca para iluminar, caso o guardião precise localizar onde estão os elementos de defesa. A vela é um ponto ígneo entre os dois planos.

Ao acender a vela, não é necessário nenhum ritual. Basta dizer: "Te entrego esta luz, ó guardião, para cuidar do nosso trabalho hoje. Contamos com sua proteção..."

Sei que existem lugares pequenos, o que impossibilita a confecção do porrão.

Se você não tiver condições de preparar o porrão de defesa, não deixe de pelo menos defumar todo o centro espírita antes de qualquer reunião, pois, "onde houver um ou mais reunidos em meu nome, com eles estarei".

Essa é a prova mais verdadeira de que somos assistidos por espíritos o tempo todo.

O que mais devo fazer?

No Hospital Amor e Caridade, em todas as reuniões públicas, duas horas antes do começo dos atendimentos, defumamos todas as salas e todo o ambiente.

Como explicado anteriormente, a defumação faz parte de milhares de rituais e tem objetivos particulares para cada um deles.

Um dos nossos tarefeiros chega um pouco mais cedo e faz a queimação das ervas.

A seguir, trago mais informações sobre a defumação, para esclarecer sua necessidade e a importância de realizá-la.

Para que serve a defumação?

A principal função da defumação, realizada tanto na Umbanda quanto nas demais vertentes religiosas através dos tempos, desde a Antiguidade, é, com a queima de ervas e resinas, modificar a energia existente no ambiente para equilibrá-lo, conforme a necessidade.

Ao queimarmos as ervas, liberamos em alguns minutos de defumação todo o poder energético aglutinado em meses ou anos, absorvido do solo da Terra, da energia dos raios de sol, da lua e do ar, além dos próprios elementos constitutivos das ervas.

Certas cargas pesadas se agregam ao nosso corpo astral durante nossa vivência cotidiana, ou seja, pensamentos e ambientes de vibrações pesadas, rancores, invejas, preocupações, entre outros.

A defumação consegue desagregar essas cargas, ao interpenetrarem os campos astral, mental e a aura, tornando-os “libertos” de tal peso para produzirem seu funcionamento normal.

A fumaça que sai do turíbulo queima larvas astrais que estão impregnadas nos corpos energéticos dos médiuns e consulentes, assim como nas paredes do templo. A energia da fumaça condensa e dissipa toda a energia pesada do local e é possível ver luzes irradiando das mãos dos médiuns quando o defumador está purificando a assistência.

Defumar não serve só para a limpeza energética, mas também para atrair as energias contidas em determinado elemento que está sendo queimado e revertê-las para o ambiente, carente daquelas energias.

Qual a diferença entre incenso e defumação?

A defumação age diretamente no plano espiritual, cortando as energias negativas presentes no ambiente através do poder dos produtos naturais, já o incenso mantém a limpeza feita pelo defumador. Ou seja, a defumação limpa o ambiente e o incenso prolonga o efeito dessa limpeza, protegendo o local de impurezas espirituais por algum tempo. Ambos possuem também o benefício da odorização das ervas aromáticas.

Primeiro, temos que mudar nossos atos, gestos e pensamentos, afastando de nossas mentes aquela corrente que nos liga a essas energias.

A defumação destrói as larvas astrais, limpando o ambiente das impurezas e facilitando a penetração de fluidos positivos.

As ervas podem ser usadas em sua forma natural, em pó ou em pequenos pedaços moídos, em forma de casca miúda, entre outros. Para se queimar essas ervas, usa-se normalmente um recipiente chamado turíbulo. Preces podem ser inclusas para potencializar o rito. Reze o Pai-Nosso ou a Ave-Maria durante a defumação.

A defumação é uma forte ferramenta para a limpeza da energia dos ambientes, age com muita eficácia e propicia os melhores efeitos para o corpo, a mente e a alma, mas é muito importante saber ponderar o seu uso e estudar a melhor forma de alcançar o equilíbrio desejado.

Quais ervas usar para a defumação?

Alecrim: Defesa dos males. Tira inveja e olho gordo e protege de magias.

Arruda: Descarrego e defesa dos males. Protege e remove o efeito de feitiços.

Benjoim e canela: Limpa o ambiente e destrói larvas astrais.

Folha de bambu: Afasta os espíritos obsessores.

Guiné: Atua como um poderoso escudo mágico contra malefícios.

Mirra: Descarrego forte. Afasta maus espíritos.

Palha de milho: Afasta más vibrações.

Abre caminho: Abre o caminho, atraindo bons fluidos e dando força e liderança.

Alfazema: Atrativo feminino. Deixa o lar mais suave. Limpa, purifica e traz o entendimento.

Anis-estrelado: Atrativo. Chama dinheiro.

Cravo-da-índia: Atrativo. Chama dinheiro e dá força à defumação.

Eucalipto: Atrai a corrente de Oxóssi.

Levante: Abre os caminhos do ambiente.

Louro: Abre caminho, chama dinheiro e prosperidade e dá energia ao ambiente.

Rosa branca: Traz paz e harmonia.

Manjericão: Chama dinheiro.

Sálvia branca: Limpa maus sentimentos e más influências, para bloquear a entrada de maus espíritos.

Lembrando que, caso não tenha conhecimento, você deve consultar um amigo dirigente de confiança para saber como fazer a defumação correta.

O ensinamento básico você já tem. Agora, vou aconselhá-lo sobre outros aspectos muito importantes para o trabalho.

Quais roupas devo usar?

Em nosso hospital, usamos uniformes hospitalares da mesma cor – sim, aqueles que os médicos e enfermeiros usam nos hospitais físicos. Dessa forma, igualamos todos sem distinção.

Devo usar sapatos ou chinelos?

Nos ambientes de trabalho, todos trabalham descalços, para melhorar a conexão com os mentores e extrair do magma da Terra energias equilibrantes.

Há incorporação nas salas?

Não. Os médiuns não incorporam nos atendimentos.

O que mais devo usar?

Para a segurança de todos, usamos máscara. Os maqueiros usam luvas para colocar e retirar os pacientes das macas na sala de refazimento e no centro cirúrgico.

E quanto à alimentação?

No dia que antecede a reunião de atendimentos, os médiuns não podem comer carne vermelha. Alimentam-se de peixe, a única proteína permitida no dia que antecede os atendimentos.

Posso ter relações sexuais antes de ir ao centro espírita?

Não, nem quem trabalha, nem, muito menos, os pacientes.

Existe alguma dieta pós-operatória?

Sim. Recomenda-se aos pacientes que não comam carne no dia em que foi feita a cirurgia, não façam sexo e diminuam os esforços. Recomendamos repouso leve de três dias após os tratamentos espirituais.

Quem pode ser tratado?

Todos que sofrem de algum tipo de doença física, mental ou espiritual. Uma informação importante é que, quando a ciência não descobre a doença do paciente através dos exames clínicos ou de imagem, tenha certeza de uma coisa: a doença é espiritual.

O ambiente do centro espírita deve estar sempre limpo e perfumado. A casa espírita deve ser cuidada como cuidamos da nossa casa.

Os médiuns e tarefeiros podem beber água nos intervalos?

Sim. A água é sempre muito útil em qualquer tratamento no centro espírita.

O que fazer se não temos um mentor espiritual de cura?

Não se preocupe com isso. O plano espiritual designará equipes médicas para assistir seu centro espírita.

O que fazer se não temos nenhum mentor espiritual?

Há casos de grupos que se reúnem para abrir um centro espírita sem ter um médium preparado ou um mentor espiritual designado para aquela obra de caridade.

Recomendo que você nomeie um mentor de sua escolha, dê a ele todas as honras merecidas e comece o trabalho.

Normalmente, essa decisão sofre a influência espiritual, e o tempo se encarregará de ajustar tudo.

Há um dia específico para a realização do trabalho ou posso escolher qualquer dia?

Qualquer dia é dia para os espíritos. Na vida espiritual, não existe semana, mês ou ano.

Quanto à proteção espiritual de quem trabalha no centro espírita, será que não precisamos nos proteger?

Para responder esse questionamento, pedi ajuda ao Lucas e ele prontamente me atendeu.

— Lucas?

— Sim, Osmar.

— Estou aqui passando algumas orientações sobre o funcionamento do posto de socorro ou do hospital e gostaria de esclarecer a todos como fica a proteção espiritual de quem trabalha nesses núcleos. Somos assistidos? Precisamos fazer algo para nos protegermos? Quais são os riscos ao nos dedicarmos ao trabalho em um posto de socorro ou hospital espiritual?

— Osmar, me responda uma coisa — disse o mentor.

— Sim.

— Você tem um aparelho de telefone?

— Sim, eu tenho um *smartphone*, que é mais moderno que um telefone.

— Para que ele serve?

— Hoje em dia, serve para tudo.

— Explique.

— Hoje em dia, Lucas, os *smartphones* fazem tudo.

— Tudo o quê?

— Vemos notícias, usamos redes sociais, pagamos contas, assistimos a filmes e novelas e interagimos com pessoas do mundo todo. Hoje em dia, Lucas, se eu quiser falar ou aparecer para alguém em qualquer parte do mundo, uso meu *smartphone*.

— Como você cuida dele?

— Com todo o cuidado necessário, pois sei que, se ele quebrar ou for danificado, eu fico sem ter como me comunicar e fazer as coisas da minha vida.

— Posso lhe assegurar que é dessa forma que cuidamos de quem está ao nosso lado na casa espírita. Temos compromissos espirituais não só com os médiuns, tarefeiros, auxiliares, voluntários etc. Estamos cuidando de todos os envolvidos na tarefa de auxílio e amor a outros irmãos. Nosso compromisso vai além do plano físico, daquilo que você precisa ver para crer. Nossos laços são espirituais, o que significa que precisamos manter os que nos auxiliam equilibrados e protegidos para podermos ter êxito na tarefa exigida.

— Quer dizer que não precisamos nos preocupar?

— Sim, vocês não precisam se preocupar. Mas, claro, mantenham-se com um comportamento digno de quem faz parte de um trabalho sério, e tudo ficará bem.

— Então, só para ficar bem claro, Lucas, não precisamos fazer nada para nos protegermos? É isso mesmo?

— Se vocês precisassem fazer algo, de que valeria nossa presença?

— É verdade. Precisamos confiar mais.

— Isso não quer dizer que suas provas pessoais evolutivas não o alcançaram. Acontece que as provas, que, por vezes, poderiam ser duras, são amenizadas devido ao trabalho que você faz e à proteção que você tem. O fato de ser médium e estar trabalhando ao nosso lado na caridade não o exime de passar por suas provas.

“Lembre-se de que tudo é merecimento, de que todos somos remunerados pelo trabalho espiritual em prol daqueles que necessitam.”

— Sério, Lucas?

— Sim. Você já ouviu falar de bônus-hora?

— Sim, André Luiz, através da psicografia de Chico Xavier, nos revelou que os espíritos recebem por cada hora trabalhada.

— Então, comece logo sua poupança. Pode ser que você precise de saldo positivo quando chegar à pátria espiritual.

— Estou ganhando bônus-hora por estar trabalhando no Hospital Amor e Caridade aqui no plano físico?

— Tem alguma dúvida?

— Não, é que eu não sabia disso.

— Não se preocupe. Trabalhe e, quando chegar a sua hora, você vai recolher todos os benefícios dos anos dedicados à caridade e ao amor ao próximo.

— Olhe, Lucas, é ótimo poder escrever tudo isso. Ficamos aqui achando que temos que fazer isso ou aquilo para nos defendermos dos inimigos do centro espírita, seguindo orientações equivocadas que acabam nos afastando da caridade.

— Esse é o intuito dos espíritos contrários à evolução das massas. Eles estão entre vocês já há algum tempo. Mentes férteis e histéricas alimentam esses infelizes, que acabam doutrinando irmãos menos favorecidos de inteligência, levando ao ridículo.

— É impressionante tudo isso.

— Deixe-me ensinar uma coisa para você.

— Sou todo ouvido, Lucas.

— Para que um posto de socorro funcione e atenda às necessidades do plano espiritual, são necessários espíritos devotados ao bem.

“Ao se instalar uma casa espírita com esse propósito, todos os envolvidos espiritualmente começam a organizar tudo.

“No dia em que você abre o centro espírita pela primeira vez, tudo já está pronto. E a primeira parte a se preparar é o plano espiritual, habituado a fazer isso desde que vocês chegaram à Terra.

“Lugar de encontro de espíritos não é um privilégio do Espiritismo. Em igrejas, templos, sinagogas e todos os lugares em que se reúnem espíritos encarnados e desencarnados, há assistência espiritual, e isso não é de agora. Então, faça a sua parte, que nós fazemos a nossa.

“Consulte sempre os mentores espirituais envolvidos com seu projeto de caridade. Não faça nada porque viu em algum lugar, pois cada casa espírita tem suas particularidades, que devem sempre ser respeitadas.

“A defesa que você ensinou nas linhas anteriores é simplesmente um portal instalado pelo plano físico que fornece aos guardiões designados para a proteção do local elementos para combaterem espíritos presos a este plano.

“Como combater ou afastar um espírito extremamente ligado a coisas materiais, sem elementos do plano em que ele está mentalmente?”

— Excelente explicação, Lucas.

— No mais, oração, fé, preceito, fundamento e sacramento. O resto é conosco.

— Obrigado, Lucas, por suas instruções.

— Vamos em frente. Osmar, faça com amor e tudo vai dar certo.

Vamos para o próximo capítulo...

"

Deus dá a Seus melhores soldados as mais difíceis batalhas.

"

Frei Daniel

A organização espiritual

Após todas as orientações do Lucas, nos explicando sobre defesa espiritual e tudo mais, decidi perguntar a ele se há uma organização espiritual para a abertura de um centro espírita. Nosso diálogo foi, mais uma vez, muito instrutivo. Acompanhe...

Toda vez que um médium ou um grupo de pessoas de bem se reúnem e decidem começar um trabalho espiritual, o plano espiritual entra em ação, me assegurou o nosso mentor.

É isso que quero mostrar para você agora, novamente auxiliado pelo Lucas.

— Podemos começar, Lucas?

— Estou à sua disposição.

— Vamos lá. O que acontece no plano espiritual quando um médium ou um grupo de pessoas de bem decidem abrir um centro espírita?

— Uma equipe é designada para acompanhar e orientar tudo e todos.

— Tudo mesmo?

— Sim, desde a escolha do local até a preparação física, energética e espiritual do ambiente.

— Por que é feito assim?

— Porque, dependendo do lugar e do ambiente, as coisas podem não ser tão fáceis como vocês imaginam.

— O que pode acontecer ou atrapalhar?

— Bem, vamos por partes, ok?

— Sim.

— O local... Todo local é um ponto energético. Sua casa é um ponto energético, o local do seu trabalho é um ponto energético, um cemitério é um ponto energético e por aí vai...

— Certo.

— A escolha do local deve ser apropriada ao trabalho espiritual. Você há de convir que abrir um posto de socorro nas areias de uma praia não seria útil.

— Concordo, a areia de uma praia não é local apropriado para isso.

— Sobre as catacumbas de um cemitério, também não. Você não acha?

— Sim, claro que sim.

— Vamos simplificar. Digamos que você e um grupo de amigos decidem alugar uma casa e ali instalar um centro espírita ou um posto de socorro espiritual.

— Certo.

— Primeiro, onde fica essa casa? Quem viveu nela? O que foi feito nela? Quais pessoas viveram nesse lugar? Eu já lhe passei, em alguns livros, várias informações sobre ambientes energéticos.

— Sim, você me ensinou que cada ambiente tem sua energia própria e que, muitas vezes, os ambientes retêm as energias devido ao que foi feito ali por muitos anos.

"Você me ensinou que as paredes de um hospital são bem fortes, assim como as paredes de uma igreja, por serem locais onde são ouvidas muitas orações."

— Exatamente. Então, a escolha do local deve ser muito bem analisada, pois, dependendo do passado espiritual do lugar, nem um centro espírita suportaria as energias deletérias impregnadas no ambiente. Seria necessário um trabalho de limpeza das energias condensadas no plano físico para depois se instalar o projeto.

— Lucas, acho importante dizer que, na minha casa, além das energias espirituais que colocamos nela quando rezamos ou praticamos o Evangelho no lar, condensamos no ambiente energias espirituais boas. Mas as energias humanas também fazem parte desse ambiente.

— É dessas energias que estou falando. Não falo das energias físicas condensadas, mas sim das energias espirituais. O ambiente de uma igreja tem energias espirituais e físicas que não se comparam às energias de um motel, por exemplo.

— É verdade, Lucas.

— A escolha do local é fundamental não só para os espíritos; é de suma importância para a funcionalidade do posto de socorro. Itens como acessibilidade, mobilidade e segurança devem ser considerados para que você não se frustre com a baixa frequência.

— Tem razão, Lucas.

— A equipe espiritual designada para dar todo o suporte à nova casa espírita é escolhida por uma colônia espiritual. Todos os núcleos de atendimento do plano físico estão ligados a uma colônia espiritual. É bom que todos saibam disso.

— Mas e se a pessoa não souber nada sobre mentor, colônia etc.?

— Agora você poderia contar sua história. O que você acha?

— Acho ótimo. Vou contar.

— Conte.

Bem, amigos leitores, eu comecei em 1989, como relatei anteriormente.

Coloquei o nome do centro espírita de Casa de Oração Luz do Oriente.

Passados alguns anos, decidi me entregar totalmente ao serviço da caridade, porque, antes de me tornar o que sou hoje, eu me dividia entre minha vida empresarial e a vida com o centro espírita.

Foi quando fiquei muito doente e, orientado pelo meu mentor, que disse que eu precisava me dedicar mais à missão a que destinei esta encarnação, finalmente decidi que minha vida seria de serviço à Espiritualidade e deixei de lado a vida de empresário.

Assim, procurei um terreno para alugar e abrir novamente o centro espírita, pois havia fechado o anterior.

Não foi difícil achar. Aluguei um antigo estacionamento de carros, e ali recomeçamos.

O nome: Casa Espírita de Oração Luz do Oriente (CEOLO).

O que eu não esperava é que meu trabalho ao lado dos mentores atrairia muita gente. Chegávamos a fazer reuniões com mais de 500 pessoas na assistência. Uma loucura.

Atendíamos mais de mil pessoas todas as semanas.

Tínhamos reunião às terças, quartas, quintas, sábados e domingos.

Naquela época, começamos a ter sérios problemas com o vizinho e com o proprietário devido à reclamação por causa dos transtornos que os assistidos causavam ao estacionarem seus carros nas ruas próximas.

Foi um período muito gratificante para todos os envolvidos no projeto caridoso, instalado em Itaipu, Niterói, Rio de Janeiro.

Muito trabalho. Milhares de cirurgias espirituais e atendimentos. O corpo mediúnico tinha mais de 70 pessoas. O que ninguém sabia era que nosso tempo ali estava contado.

Um dia, recebi uma notificação do proprietário do imóvel pedindo que nos mudássemos, pois ele precisava do imóvel para realizar obras.

Meu mundo desabou.

Para onde ir?

Onde colocar mais de mil pessoas semanalmente?

E os projetos sociais, o que fazer? Naquela época, mantínhamos uma creche com mais de 40 crianças.

Até que, em um domingo, no final da noite, eu estava sozinho na sala de minha casa assistindo a TV, quando meu mentor apareceu para mim, trazendo ao seu lado uma jovem muito bonita, ruiva de olhos verdes, cheia de sardas no rosto.

Olhei para ele assustado, pois não era seu hábito aparecer para mim.

— Olá, Osmar — disse ele, de pé no meio da sala de minha casa.

— Oi, Rodrigo — disse, me levantando.

— Quero lhe apresentar alguém. — A jovem se aproximou de mim com um leve sorriso no rosto. Sua beleza me encantou. — Essa é a Nina — disse ele.

— Oi, Nina — disse, muito encabulado.

— Oi, Osmar.

Rodrigo prosseguiu.

— A Nina está aqui para escrever um livro com você.

— Livro? Eu? Como assim? Eu nunca escrevi nada.

— Você não precisa de ajuda para resolver a questão do local em que vocês estão instalados no centro espírita?

— Sim, precisamos nos mudar. Mas um livro? Como assim?

— Fique calmo, Osmar. Um livro não é um bicho de sete cabeças — disse a mentora, sorrindo.

— Mas, Nina, eu nunca escrevi nada.

— Tenha calma. Você está disponível agora?

— Sim, claro. Peraí, acho que sim... Preciso pensar...

— Vá para o escritório, Osmar, e escreva o que a Nina lhe pedir.

— Sim, Rodrigo, estou indo.

Naquele instante, desliguei a TV e fui com a Nina para meu escritório, que ficava em um cômodo no subsolo da casa, um local tranquilo onde ninguém me perturbaria.

— O que faço agora, Nina?

— Escreva.

— Como vai se chamar o livro?

— *Cinco Dias no Umbral.*

— Umbral?

— Sim, *Cinco Dias no Umbral.*

— Perdoe-me se não conseguir, Nina.

— Você vai conseguir. Mantenha-se calmo.

Ficamos mais de cinco horas juntos escrevendo o primeiro livro da minha carreira.

Naquele livro, descobri quem são meus mentores, de onde eles vêm, onde vivem e por que estou ao lado deles.

Tudo sobre a Colônia Espiritual Amor e Caridade me foi revelado naquela psicografia.

Eu nunca havia imaginado que meus mentores faziam parte de uma colônia. Na verdade, eu nunca ouvira falar nada sobre colônias espirituais…

Isso aconteceu no ano de 2014.

Não sei se vocês se lembram, mas meu trabalho com esses mentores começou em 1989.

O mais impressionante disso tudo é que eles nunca haviam me dito que eram oriundos da Colônia Espiritual Amor e Caridade.

Nunca me pediram para trocar o nome da instituição em que eles trabalhavam ao meu lado.

Foram necessários 26 anos para eu receber a informação da origem de meu trabalho e de minha missão mediúnica.

— A primeira e mais importante virtude que todos vocês precisam adquirir é a paciência — disse Lucas, ao meu lado, quando questionei por que ele não tinha me revelado isso. Ele prosseguiu: — É ela que os aproximará de nós.

"Imagine se o Osmar tivesse recebido todas as informações sobre nosso compromisso espiritual com ele quando ainda jovem e despreparado para a vida espiritual, cheio de incertezas sobre o que fazer com a sua mediunidade.

"Acha mesmo que você estaria onde está hoje, Osmar?"

— Com aquela idade e vivendo o que eu vivia na época, certamente não daria a importância que dou a vocês hoje, Lucas.

"Eu era um menino sonhador. Tinha um excelente emprego. Era muito bem remunerado. Eu dificilmente me dedicaria a construir um hospital espiritual do tamanho que é Amor e Caridade.

"A boa vida me convidava a viver intensamente todos os meus dias…

"Sinceramente, eu tenho certeza de que não estaria onde estou hoje."

— Tudo o que lhes acontece é parte de um planejamento espiritual. Não pensem que abrir um centro espírita é um acaso. Acasos não existem. Eu posso lhes assegurar...

— Meu mentor e amigo Lucas, ouvindo suas palavras, agora eu me dei conta de que tudo o que me aconteceu veio no tempo certo.

“Obrigado por confiarem em mim e por me permitirem essa oportunidade.

“Sou grato de coração.

“Então, a resposta para a pergunta que iniciou este diálogo é: tenha paciência, fé e esperança. No tempo certo, tudo será revelado. Tudo será esclarecido. Basta que tenha sabedoria, paciência e a virtude de saber esperar.

“Você quer dizer mais alguma coisa, Lucas?”

— É importante dizer que, quando se decide abrir um posto de socorro, um hospital ou um centro espírita totalmente voltado a atendimentos espirituais, antes mesmo de tornar-se realidade no plano físico, como informado, tudo é preparado na Espiritualidade que irá envolver aquele núcleo de atendimentos.

“Mas vale salientar que a maioria dos encarnados envolvidos na abertura de um centro espírita não permanecem nele por muito tempo. As diferenças ideológicas sempre afastam os fundadores do projeto caridoso. Tudo relacionado a um trabalho espiritual é complexo. O que vocês precisam entender é que os primeiros a se incomodarem com o projeto caridoso são os obsessores, que permeiam a vida de cada um dos envolvidos no projeto.

“Fiquem atentos e sejam humildes de coração, pois a humildade, a compreensão e o desafio serão o que manterá o grupo unido no propósito evolutivo.

“Infelizmente, é muito comum que as informações relevantes sobre o núcleo e as equipes espirituais que ali permaneceram trabalhando demorem um pouco a se revelarem. Tudo acontece em um cronograma físico e espiritual, como foi o seu caso, Osmar.

“Mentor espiritual não muda de casa espírita nem, muito menos, vai embora com o passar do tempo. Só nos afastamos do compromisso quando a equipe falha, quando a mistificação toma conta da mediunidade, quando o propósito da caridade é deixado de lado, quando a união fraterna não é mais presente e também quando o médium se desvia dos propósitos revelados.

“Esse é um compromisso que transcende sentimentos humanos. Lembrem-se sempre de que todos os espíritos que estão na vida espiritual um dia já viveram as experiências que todos vocês estão vivendo neste momento.

“Não fomos criados perfeitos. Toda evolução espiritual passa pela encarnação e suas provas edificantes.

"As ligações espirituais de um centro espírita, de seus médiuns, frequentadores, voluntários, tarefeiros e dirigentes com seus mentores, são maiores do que sentimentos de ego, inveja e raiva comuns em grupos em evolução.

"Por esse motivo, não tenha pressa para saber nada sobre a Espiritualidade que o envolve. Apenas trabalhe, confie, ampare, auxilie e seja merecedor da graça que certamente vai alcançá-lo."

— Quer dizer que, com o passar do tempo, me dedicando, fui premiado nas revelações sobre minha espiritualidade pela Nina? É isso?

— Sim. Tudo é merecimento.

"Todos os espíritos estão em evolução, mesmo aqueles que destinam parte de sua existência a fazer o mal.

"O tempo é o remédio de todos os males. À medida que vai evoluindo, o espírito em provas vai ganhando bônus evolutivos que possibilitam viver em condição melhorada nos planos espirituais, como citado nesta obra.

"Não se preocupe se você ou alguém não entender estas linhas neste momento.

"Todos os espíritos estão em tempos diferentes e alcançarão as vitórias existenciais à medida que se aperfeiçoarem.

"Quanto mais perfeito, melhor é sua condição espiritual, sendo ela, a condição espiritual, que possibilitará o filho a sentar-se ao lado direito do Pai, como prometido.

"Um centro espírita é uma porta. É uma porta estreita, onde poucos conseguem passar. Mas, através dos estudos e das palestras edificantes, convida os espíritos a refletirem sobre a continuidade da vida. É esse o primeiro passo em direção à evolução, conscientizar-se de que você não é um acaso.

"Não faz sentido a Criação perfeita para que Seus filhos sejam julgados e condenados ao sofrimento eterno.

"A ideia de sofrimento eterno e dívidas com Deus foi introduzida na humanidade com fins doutrinários e lucrativos. Portanto, creia no amor e o pratique sempre que puder.

"Qual pai entrega ao filho um pedaço de pedra, quando esse lhe pede um pedaço de pão?

"Pensem..."

— Obrigado, Lucas.

— Não agradeçam. Abram mais centros espíritas dedicados ao amor ao próximo. Isso agrada aos espíritos e deixa Deus feliz.

— Vamos fazendo a nossa parte.

— Façamos... Posso dar um conselho a todos?

— Claro, Lucas. Fique à vontade.

— Se você está frequentando um centro espírita atrás de melhoria sem esforço, pare...

"Se você acha que o passe mudará sua vida, pare...

"Se você acha que o tratamento da desobsessão tirará todos os obstáculos do seu caminho, pare...

"Se você acha que a água fluidificada vai livrá-lo de todas as doenças, pare...

"Vocês precisam entender que o centro espírita, por si só, não é garantia de nada.

"O centro espírita é uma porta para a melhora pessoal, a qual só acontecerá se você der o primeiro passo, se você abrir a porta...

"Nenhum tratamento espiritual adiantará se você continuar preso à sua conveniência e zona de conforto...

"Ou você muda, ou continuará indo ao centro espírita e dizendo: 'Não volto mais a esta casa espírita. Achei fraca...'

"Fraca é a sua vontade de mudar, de fazer diferente, de parar de arrumar mil desculpas por ser quem você é...

"Todo centro espírita é eficiente para quem coloca os ensinamentos na prática, para quem sabe que um obsessor é apenas um efeito e que a causa sempre foi você. É a causa que precisa ser mudada para o efeito parar...

"Não tem nada fácil no Espiritismo. Tem é muito trabalho, porque só tem merecimento quem decide sair da inércia espiritual e ir atrás de sua evolução e, através dela, de suas conquistas.

"Já passou da hora de vocês acharem que o centro espírita resolverá todos os seus problemas...

"Essa é a minha humilde contribuição, Osmar."

— Nós agradecemos, Lucas.

— Vamos em frente.

— Vamos...

— Mas, antes de irmos, acho justo que os amigos que o auxiliaram na construção dos hospitais sejam citados nesta obra.

— Sim, mas devemos resguardar a instituição. Dessa forma, conto o caso sem incluir os personagens... O que acha?

— Se não tem a permissão deles, faça assim.

— Bem, vamos lá...

Quando o proprietário pediu o imóvel do centro espírita, o desespero me visitou. Fiquei triste e muito preocupado com o fim do trabalho, que já tinha cinco anos, aproximadamente.

Mas o que eu não sabia era que tínhamos amigos verdadeiros ao nosso lado — além, é claro, da Espiritualidade, que não se cansava de nos dar provas de sua grandeza, pois realizávamos muitas curas naquele local.

As reuniões de quinta-feira eram as que mais ficavam cheias. Nelas, após os tratamentos e as palestras, servíamos uma sopa gratuita para todos os visitantes.

Nessa época, além do centro espírita, com muito sacrifício, mantínhamos uma creche, que se chamava Lar da Nina, onde 45 crianças eram assistidas. Elas chegavam pela manhã e só iam embora no final do dia. Servíamos quatro refeições às nossas crianças: café da manhã, almoço, café da tarde e jantar.

Eu sempre ajudava no preparo da sopa. Para isso, chegava ao centro espírita, que já havíamos renomeado como Fraternidade Espírita Amor e Caridade, um pouco mais cedo para auxiliar o pessoal.

Em uma dessas quintas-feiras, um dos frequentadores, ao passar pela rua, me viu sentado descascando alguns legumes e entrou para falar comigo, pois o portão estava entreaberto.

Ele, então, se aproximou de mim.

— Olá, Osmar!

— Oi, meu amigo! Seja bem-vindo!

— Preparando a sopa?

— Sim. Hoje temos nosso encontro.

— Percebo que você está triste. Aconteceu alguma coisa?

— Não, está tudo bem. Só estou um pouco cansado.

— Perdoe-me, mas, pelo pouco que o conheço, tenho certeza de que você está triste. Pode me dizer o que está acontecendo?

Naquele momento, tocado pela Espiritualidade, decidi contar a ele sobre o imóvel.

Então, ele me perguntou:

— O que você tem em mente para resolver essa questão?

— Não temos muito recurso. Eu até já fiz uma proposta em um terreno aqui perto, mas o proprietário não aceitou.

— Onde é o terreno?

— Aqui perto.

— Você não tem todo o recurso?

— Não. Se tivesse alguém que me emprestasse, eu compraria e iria pagando gradualmente — disse.

— Vamos ver no que podemos ajudar.

Nós nos despedimos. Ele foi embora e eu continuei fazendo a sopa.

Passadas algumas horas, ele me ligou, me convidando a ir com ele olhar um terreno.

Fomos até o lugar.

— O terreno é maravilhoso — disse.

Foi então que ele me disse:

— Vamos comprar.

— Mas eu não tenho dinheiro.

— Vou comprar e depois você vai me pagar, como você me contou.

— Nossa, se você puder fazer assim, está combinado.

Então, compramos o terreno onde hoje está instalado o Hospital Amor e Caridade.

O prazo para começar a pagar era de um ano, pois eu precisava construir pelo menos um salão para começarmos o nosso trabalho.

Juntamos todas as forças e começamos a construção do prédio de mais de mil metros quadrados, com dois andares, muito bem estruturado e em uma localização perfeita.

O livro *Cinco Dias no Umbral* tornou-se um best-seller e, com os recursos vindos dele e a ajuda de vários amigos, terminamos a obra.

Logo vários livros começaram a chegar. Eu sempre dedicava meu tempo às psicografias.

Foi quando procurei o amigo que comprou o terreno para combinarmos o começo do pagamento. Para a nossa surpresa, ele não cobrou o valor e doou definitivamente o terreno para a Fraternidade Espírita Amor e Caridade, instituição beneficente sem fins lucrativos, que é até hoje a proprietária do imóvel.

Gratidão eterna ao casal que, tocado pelo amor, fez um gesto que possibilitou ser hoje o Hospital Amor e Caridade referência no atendimento a pessoas doentes, onde são realizados atualmente mais de dois mil atendimentos mensais.

Passados três anos da inauguração, recebemos outra doação de dois lotes de terreno, onde hoje está instalado nosso terreiro de Umbanda e onde atendemos pacientes que sofrem processos obsessivos graves com a técnica da deametria, canalizada por mim através do Caboclo Ventania. Nesse local, estamos nos preparando para instalar novamente a nossa creche, que tivemos que fechar quando estávamos construindo o hospital.

"

Nada está ao acaso... Deus está presente em todas as coisas.

"

Lucas

As salas de atendimento

Continuei minha conversa com o Lucas, buscando enriquecer este livro com o máximo de informações possíveis.

— Lucas?

— Sim.

— Quanto às salas de atendimento, exige-se um mínimo de salas?

— Olhe, Osmar, se você for abrir um posto de socorro ou um hospital, é necessário que tenhamos pelo menos cinco ambientes diferentes.

— Você pode nos orientar?

— Sim, vamos lá. Você precisará de uma câmara de passes.

— Certo.

— Um centro cirúrgico.

— Ok.

— Uma câmara de refazimento perispiritual.

— Certo.

— Uma sala que você pode chamar de corrente de cura, mas que tem outros objetivos para nós. Eu explicarei melhor.

— Ok.

— Uma câmara de desobsessão e, é claro, um salão ou uma sala ampla destinada às palestras e a outros eventos. Essa estrutura é o mínimo que precisamos para um bom trabalho.

— Lucas, eu conheço muitos centros espíritas que não têm essa estrutura. O passe, por exemplo, é dado no salão onde são feitas as palestras. Isso está correto ou não se deve usar o ambiente das palestras para oferecer tratamentos?

— Você sabe que existem vários tipos de passe, não sabe?

— Sim, sei.

— Quando se utiliza o mesmo ambiente para várias atividades, normalmente o passe que é aplicado nesse recinto é o passe magnético. Devido ao grande número de pessoas, não recomendamos outros tipos de passe. Portanto, não se deve usar o ambiente de palestras e eventos para tratamentos espirituais.

— Não pode ser dado um passe espiritual nesse lugar?

— Não.

— Entendi. Então, se a estrutura física não comporta várias salas, esse local não pode ser um hospital ou um posto de socorro, é isso?

— Se não tem a estrutura mínima, não vai funcionar. Pode funcionar como um centro espírita, mas não como um hospital ou posto de socorro.

— Por que, Lucas?

— Em cada ambiente e em cada sala vão trabalhar equipes diferentes. Por exemplo, na câmara de passes vão trabalhar os aprendizes, espíritos trazidos do plano espiritual para treinar. Na câmara da desobsessão vão trabalhar os guardiões, arquétipos e outros espíritos devotados à dissolução de processos magísticos e goécios, que parecem ser o mesmo, mas não são.

"No centro cirúrgico, médicos.

"Na corrente de cura, familiares desencarnados, espíritos afins, magnetizadores, médicos e outros.

"No refazimento, médicos, magnetizadores e enfermeiros em treinamento.

"Para cada sala, uma equipe preparada para a necessidade.

"Para cada caso, um tipo de tratamento. Você há de convir que é impossível que os tratamentos funcionem se forem feitos em um só lugar."

— Verdade. Fica muito difícil mesmo tratar casos diferentes no mesmo local, pois são energias diferentes e tratamentos complexos, que exigem que haja um preparo integral.

— Por isso, a estrutura mínima é de cinco a sete salas.

— Eu compreendo, Lucas.

— Poderíamos explicar cada tratamento. O que você acha?

— Acho proveitoso.

— Então, vamos lá.

— Por onde você quer começar? — perguntei.

— Vamos começar pelo passe. Pode ser?

— Vamos lá.

— Existem vários tipos de passe, como dito anteriormente, mas três são os mais comuns e mais utilizados nos hospitais espirituais. Um deles é o passe magnético, que é quando o médium ou magnetizador doa seus fluidos.

— Qual fluido é doado pelo médium ou magnetizador, Lucas?

— O fluido vital, que pode ser transferido de pessoa a pessoa. É elemento básico da vida.

— Certo. Qual é o outro tipo?

— O passe espiritual. Ele é aplicado por médiuns que estão em condição moral elevada, que já desenvolveram capacidade radiante. Isso significa que já conseguem manter os pensamentos num contínuo fluxo de pensamentos positivos.

— Certo. Ótimo. E o último?

— O passe misto.

— E o que é o passe misto, Lucas?

— É quando o passista trabalha com mentores espirituais que o auxiliam na transmissão de fluidos ao paciente.

— Perfeito, meu nobre mentor. Posso tomar a liberdade e acrescentar informações sobre o passe, Lucas?

— Sim, claro. Fique à vontade. Mas, já que você quer participar mais, me responda: o que é o passe espiritual?

— Embora você tenha nos explicado anteriormente, pelo que tenho estudado e praticado ao longo de todos esses anos, meu amigo, o passe espiritual é basicamente a transmissão de energias doadas pela vontade do médium passista, por meio da imposição das mãos.

“As pessoas que realizam essa passagem de energia são médiuns passistas. Esse passe é doado para aqueles que precisam de um tratamento espiritual ou que possuem problemas na vida espiritual e continuam doentes física ou até mentalmente.

“É importante lembrar que esse tipo de passe não se restringe somente a esses indivíduos, mas também pode ajudar todos os que buscam energias benéficas. Portanto, não é necessário que se tenha um problema para poder procurar ajuda e proteção por meio de um passe espiritual, que somente médiuns moralmente elevados conseguem dar, como dito por você ainda há pouco.

“Toda pessoa que recebe os passes espíritas, ou passes em geral, reconhece a melhoria em todas as áreas de sua vida, desde os pensamentos e atitudes até mesmo a disposição, pois essa intervenção promove a harmonia do funcionamento de todas as partes de nosso corpo, sendo espiritual ou material.”

— Muito bem, Osmar. Mas como funciona o passe espiritual?

— Bem, Lucas, pelo que aprendi, o passe começa a partir do momento que a pessoa que irá transmitir a energia se conecta com toda a paz e sabedoria interior e pede a assistência de espíritos auxiliadores ou de seu mentor espiritual, que se apressam a auxiliar e conduzir os fluidos positivos até quem está buscando o passe. É isso?

— Sim, é isso mesmo.

— É muito importante ressaltar que, quando a pessoa começar a receber a energia do médium, que estará em contato direto com os espíritos, sua mente precisará encontrar-se relaxada e, principalmente, com os sentimentos livres para a recepção, porque só assim o trabalho de restauração de forma benéfica será completo.

“A confiança entre as duas partes é a base para um bom passe e para que os resultados se apresentem.

"De nada adianta uma pessoa se sentar na cadeira ou se deitar na maca para receber o passe se não estabelecer uma conexão mental com Jesus, principalmente."

— É muito importante, então, que todos os pacientes sejam orientados durante o atendimento fraterno sobre como devem se comportar para extrair os benefícios da casa espírita. Você não acha?

— Fazemos isso em nosso hospital, Lucas. Todos os pacientes são orientados sobre os tratamentos que oferecemos.

— Isso é muito importante, Osmar. Por gentileza, me diga: quais são os benefícios do passe, de forma generalizada?

— São vários, Lucas.

— Cite-os.

— Vamos lá. Os benefícios que essa troca de energia oferece são: harmonia; bem-estar; equilíbrio; limpeza espiritual; purificação; amenização das angústias, dores e raiva; integração ao divino; empatia; retirada de toda energia negativa; confiança para seguir em frente.

"Quando uma pessoa que precisa de ajuda tomar o passe magnético, espiritual ou misto, ela perceberá que o médium chegará com suas mãos em pontos que precisam de mais atenção, proporcionando a compreensão de que ela está realmente no lugar certo.

"Por fim, vale ressaltar que o passe tem a função de equilíbrio espiritual, trazendo fortalecimento. Mas, para completar toda a ação que ele fornece, é necessário acreditar e permitir-se ser banhado por essa boa energia, capaz de proteger e limpar profundamente a todos."

— Muito bem, Osmar. Espero que essas informações possam ajudar todos os irmãos que desejem auxiliar o próximo.

— Eu também.

— Mas faltou passar uma informação.

— Qual, Lucas?

— Existe diferença entre passe individual e coletivo?

— Obrigado, Lucas. Eu havia me esquecido desse detalhe.

— Há diferença, Osmar?

— Sim. Explicarei a diferença entre passe individual e coletivo.

"O passe individual é aquele em que um ou mais passistas assistem diretamente um paciente por vez.

"Já o passe coletivo é aplicado em um grupo de indivíduos, como nos casos em que as pessoas presentes em uma palestra, por exemplo, recebem um passe coletivo de um ou mais médiuns, todos de uma só vez."

— Muito bem, Osmar.

— Agora que explicamos o passe, podemos falar um pouco sobre o refazimento perispiritual, não é?

— Vamos lá.

— Para que todos possam compreender, precisamos explicar o que é o refazimento perispiritual, você não acha?

— Acho que, primeiro, todos precisam saber o que é um perispírito.

— Tem razão. Por gentileza, me diga, Lucas, o que é o perispírito?

— O perispírito é um invólucro fluídico, semimaterial, que serve de veículo de manifestação do espírito no plano espiritual.

"Constituído de fluidos próprios do mundo em que estagia, o perispírito serve também de elo do espírito com o corpo físico, quando esse se encontra reencarnado.

"Desencarnando a criatura, o seu corpo físico sofre a decomposição natural da matéria e o espírito passa a se manifestar com o perispírito, também denominado corpo espiritual, corpo astral, corpo fluídico, psicossoma etc.

"Estruturado pelo comando mental do espírito, a sua forma e a apresentação podem variar segundo o seu próprio conhecimento e a sua vontade. No entanto, cabe ressaltar que normalmente ele se reflete na aparência do próprio corpo físico de que se serviu o espírito na sua reencarnação, até que esse, se depurando, vai lhe imprimindo novas aparências, cada vez mais desmaterializado.

“Quando encarnado, o perispírito é o condutor das sensações do meio ambiente do corpo para o espírito e, ao mesmo tempo, o veículo transmissor das ordens emanadas do espírito para seu veículo físico.

“Quanto mais evolui, mais o espírito sutiliza o seu perispírito, estruturando-o de fluidos mais rarefeitos do mundo em que se vincula.

“Refletindo no perispírito o seu próprio estado íntimo, sabe-se que as virtudes o sutilizam, tanto quanto os vícios, a tristeza, o desânimo e a cólera o tornam mais grosseiro e materializado.”

— Pela sua explicação, esse corpo espiritual pode sofrer lesões, é isso?

— Pergunte a um amputado as sensações que ele tem do membro que lhe foi tirado e você terá a resposta para a sua pergunta.

“O perispírito sofre lesões em várias situações, Osmar. As mais comuns são os magísticos, muito utilizados por obsessores ou magos com o intuito de fragilizar suas vítimas.

“Você sabia que até mesmo um olho grande pode lesionar o perispírito?”

— Sério, Lucas?

— Somos energias, Osmar.

“Seu corpo físico é protegido por vários corpos espirituais, os quais são corpos adquiridos dos elementos energéticos e fluídicos do ambiente em que está temporariamente.

“Alguns sofrem lesões fatais e precisam ser refeitos antes de se desintegrarem definitivamente.”

— Sim, estudamos muito isso.

— Se quer trabalhar com cura, tem que ter esse conhecimento.

— Sim. Temos muitos corpos espirituais protegendo nosso corpo físico e nosso espírito.

— Esses corpos espirituais sofrem degradações se não forem cuidados.

— Sei o quanto é bom quando tomamos um bom banho de descarrego, não é? Diversas culturas mantêm tradições profundas relacionadas ao banho de mar. Na Umbanda e no Candomblé, por exemplo, o ato de mergulhar nas águas salgadas é parte integral de rituais de limpeza espiritual. Essa prática vai além do físico, entrando no âmbito do sagrado, pois acredita-se que a conexão com as divindades é renovada.

— Exatamente. Quando vai à praia e tem contato com as águas do mar, as quais são um elemento de pureza natural, seus corpos espirituais são purificados naturalmente. Os banhos de mar, de cachoeira ou até mesmo de descarrego, feitos através da composição de ervas frescas extraídas da natureza, servem como detergentes magnéticos que desintegram miasmas, chips, fungos, vermes, larvas espirituais e tantos outros malefícios contraídos ou implantados por espíritos desejosos de sua desgraça ou através dos processos obsessivos.

"É na câmara de refazimento perispiritual que esse lindo trabalho de limpeza, purificação e refazimento do perispírito é feito, além de realizar os curativos das cirurgias espirituais sofridas pelos pacientes.

"As partes lesionadas do perispírito são reparadas através do tratamento nessa sala. É onde doenças causadas por lesões perispirituais são resolvidas, restabelecendo a saúde do paciente."

— Eu me lembrei de um comentário que uma assistida fez para mim na semana passada, Lucas.

— O que ela disse?

Ela tinha ido pela primeira vez ao nosso hospital. Após a anamnese, eu a indiquei a uma cirurgia espiritual.

Ela foi para o tratamento e, depois de aproximadamente duas horas, me procurou afoita.

— Seu Osmar?

— Oi!

— Posso perguntar uma coisa ao senhor?

— Claro.

— É normal, depois da cirurgia, sangrar?

Então, respondi:

— Você fez uma cirurgia, minha irmã. Agora, repouso de três dias e descanso, com alimentação leve.

Ela, muito assustada, olhou para mim com olhos de gratidão.

— Esses casos são de valia para o trabalho de vocês — disse Lucas.

— É muito comum os lençóis ficarem manchados de sangue, e olhe que não usamos nada, nenhum instrumento.

— Iremos falar sobre as cirurgias?

— Acho que já podemos começar.

— Não ficou nenhuma dúvida sobre o perispírito?

— Acho que não. O perispírito é nosso corpo espiritual que sofre lesões sempre que atacado.

— O que acho importante ressaltar, Osmar, é que toda doença física ou espiritual começa no perispírito, por isso a necessidade constante do refazimento perispiritual, tratamento que só é benéfico.

— Eu mesmo, Lucas, volta e meia, me deito na sala do refazimento.

— Faz muito bem. Cuide-se.

— Uma vez, escrevi, não me lembro em qual livro, que a quimioterapia e a radioterapia causam lesões no perispírito. É verdade, Lucas?

— Sim. Todo paciente de câncer ou que passe por esses procedimentos precisa do refazimento perispiritual após o medicamento.

— É por isso que precisamos de mais hospitais espirituais e postos de socorro aqui no plano físico.

— Vamos falar das cirurgias espirituais?

— Vamos.

— Mas, antes, vou passar a informação sobre a sala da corrente de cura.

— Sim, nos esquecemos dela.

— A sala da corrente de cura é onde os pacientes se sentam em círculo e ficam por um tempo determinado pelo controlador, que é quem cuida dos assistidos nessa sala. Essa corrente é onde se pede pela família e pelos desencarnados que se fazem presentes, claro, se já tiverem condições espirituais para isso.

"É também o local onde se concentra o maior volume de ectoplasma, utilizado no centro cirúrgico pelos médicos e espíritos que lá trabalham.

"Extraímos dos pacientes que ficam nas correntes a quantidade que necessitamos no centro cirúrgico."

— Perfeito, Lucas. Então, o paciente na corrente de cura recebe os benefícios do plano espiritual e doa ectoplasma para vocês trabalharem. É isso?

— Exatamente.

— Vamos explicar o que é ectoplasma?

— Vamos lá.

— O ectoplasma é uma substância fluídica, expelida pelos espíritos encarnados em geral, não só pelos médiuns. É utilizado pelos espíritos para a produção de fenômenos mediúnicos de efeitos físicos, como, por exemplo, a materialização de espíritos, além de ser muito utilizado pelos médicos da Espiritualidade Superior nas cirurgias espirituais.

"É quando órgãos, tecidos, membros e células são refeitos a partir desse fluido, manipulado pelos espíritos que são especialistas nesse fenômeno.

"A existência do ectoplasma é conhecida há muito tempo. Trata-se de uma substância que permite a existência da vida material, desde os organismos moleculares até o ser humano.

"Os cientistas acreditam que o ectoplasma é uma substância formada por uma combinação de fluidos emanados do plano espiritual, do médium e das demais forças da natureza, como outras pessoas, animais e vegetais que se encontrem próximos ao local onde se produzirá o fenômeno de ectoplasma.

"O modo como os espíritos operam essa subtração de energias, entretanto, bem como a forma como são manipuladas são informações que estamos revelando à medida da compreensão dos manipuladores nos núcleos de atendimento espiritual."

— Impressionante, Lucas.

— O que devemos pedir e informar, Osmar, é que quem deseja auxiliar por meio de um hospital ou um posto de socorro terá conhecimento somente estudando. Será necessário se esforçar muito aprofundando os estudos sobre tudo o que estamos falando. Não basta o que está escrito aqui.

— É verdade, Lucas. Nós mesmos, em Amor e Caridade, até hoje estudamos tudo isso e mais alguma coisa.

— Médium que não estuda é ferramenta enferrujada. Não serve para nós.

— Canso de dizer isso a todos que reclamam da mediunidade.

— Faltou algo?

— Acho que falamos de todas as salas.

— O salão de palestras deve ser um lugar destinado somente aos eventos necessários para se manter o posto de socorro ou o hospital espiritual. Temos plena consciência de que os recursos financeiros são necessários em toda e qualquer instituição de caridade.

"Não somos contrários a qualquer tipo de evento que seja necessário para manter os atendimentos e melhorá-los.

"Então, saibam separar as coisas.

"Salão de palestra é salão de palestra."

— Lucas?

— Sim.

— Faltou falar da desobsessão.

— Eu sei.

— Vamos escrever sobre ela agora?

— Podemos.

— Vamos lá.

— Primeiro, Osmar, explique como é feito atualmente o trabalho de vocês, por gentileza.

— Atualmente, no Hospital Amor e Caridade, tratamos a obsessão leve e a obsessão mais grave. Pela nossa experiência, cada caso é um caso e há um tratamento adequado para cada caso.

"Temos duas salas de desobsessão. A primeira fica no próprio hospital, onde tratamos as obsessões leves. A segunda é tratada na TESCA com a deametria."

— O que é uma obsessão leve, Osmar?

— O professor Allan Kardec classificou a obsessão em três tipos básicos, e nós também fazemos assim.

— Explique.

— A primeira é a obsessão simples; a segunda, a fascinação; por último, a subjugação.

— Como é feita essa separação de pacientes?

— Durante o atendimento fraterno, na entrevista feita pessoalmente, colhemos informações que nos asseguram qual nível de obsessão o paciente está sofrendo. É claro, temos o auxílio do mentor espiritual, que sempre está por perto nos atendimentos, orientando o médium a oferecer o melhor tratamento para cada paciente. Assim, dependendo do grau da obsessão, enviamos o irmão para a desobsessão na sala que temos no próprio hospital ou para a deametria, feita na TESCA em dia e hora previamente marcados, já que a prática da deametria exige toda uma preparação especial. Afinal, são espíritos de envergadura surpreendente.

— Então, pacientes graves são tratados de modo diferente, é isso?

— Sim, um mago não é convencido facilmente, se não soubermos negociar com ele. Há atendimentos de deametria, Lucas, que duram até duas horas de diálogo entre o operador da técnica e o obsessor.

— Você teve o privilégio de canalizar um novo formato de desobsessão que, confesso, é muito mais eficaz. Eu já parabenizei o Ventania e toda a sua equipe pelo trabalho que eles vêm fazendo com a deametria.

— Sim, através do Caboclo Ventania, eu escrevi sobre a deametria.

— Explique para todos: o que é a deametria?

— A desobsessão modernizada. Sim, porque os obsessores estão cada dia mais tecnológicos. Eles aperfeiçoaram os processos da obsessão. Tudo está em evolução no planeta. Não se esqueça disso.

— Ensine um pouco, por favor, Osmar, para que todos possam aprender e usar a deametria.

— Vou explicar, mas, para quem quiser aprender mais e utilizar a técnica, eu gravei um minicurso gratuito, que está disponível na minha página no YouTube. Basta acessar e assistir. Também disponibilizei gratuitamente na internet o *e-book* do livro *Deametria — A Desobsessão Modernizada*.

— Qual o nome da página?

— *Osmar Barbosa Oficial*, no YouTube.

— Explique a técnica, por gentileza.

— Sim. A deametria é uma técnica semelhante à apometria.

"A técnica é muito parecida. O que difere é que o médium, ao ir aos planos espirituais em desdobramento para capturar, localizar ou interagir com um obsessor, invoca um arquétipo da Umbanda para ir ao seu lado, para a sua segurança pessoal.

"Segundo o Caboclo Ventania e os demais mentores, a condição moral atual em que a maioria dos médiuns se encontram não os capacita a entrar e sair desses planos densos sem correr nenhum risco. Para podermos interagir com esses infelizes irmãos, é necessário maior segurança.

"Se você preferir, eu posso transcrever o diálogo que tive com o Caboclo Ventania quando ele me apresentou a técnica. O que você acha?"

— Acho ótimo.

— Então, vou transcrever.

Tudo começou quando Ventania me procurou dizendo que precisávamos escrever sobre uma nova técnica de desobsessão. Foi quando perguntei:

— Nova técnica? Como assim?

— Tudo no Universo está em processo de evolução. Todos estão expandindo seus intelectos. Você concorda?

— Sim, novas tecnologias, novas matrizes energéticas, novas formas de viver, novos remédios, novas doenças, enfim, tudo segue o curso evolutivo da Criação. Tudo se modifica com o passar do tempo.

— A obsessão também, Osmar.

— A obsessão?

— Sim, a obsessão também se moderniza.

— Eu não havia pensado nisso. Aliás, nada sei sobre o assunto.

— Tudo segue um curso natural evolutivo. Vocês precisam compreender que todos estão evoluindo e que não há acasos…

"Alguns evoluem para o bem. Outros, infelizmente, se especializam em novas técnicas para empreender o mal.

"Ele, que tudo sabe e tudo vê, permite que Seus filhos expiem para evoluírem. Sempre foi assim, e assim sempre será.

"O mal, Osmar, é a ausência do bem. Guarde isso…"

— Guardarei.

— Nas regiões onde vivem os obsessores, há escolas, laboratórios, centros de estudos aprofundados e tudo o que vocês têm aqui. Se aqui se busca a cura para as doenças, lá eles buscam técnicas obsessivas de destruição.

— Meu Deus!

— Infelizmente, muita gente se ilude achando que pode lidar com esses espíritos destinados à prática do mal. São magos, feiticeiros, sacerdotes, espíritos malignos, espíritos descaídos, hereges, quiumbas, eguns, malfazejos, errantes, vagantes, ovoides, e muito mais.

"Esses espíritos, ao desencarnarem e tomarem consciência de que são eternos, se destinam à prática do mal.

Eles se aperfeiçoam, estudam técnicas destrutivas e adquirem poder entre os seus, quando as suas técnicas destrutivas conseguem atingir o objetivo rapidamente.

"Existe, Osmar, uma verdadeira batalha entre esses cientistas do mal para deterem o poder e, principalmente, para vingarem-se daqueles que, em algum momento da vida eterna, os feriu.

"Alguns criam técnicas capazes de arruinar o obsediado em poucos dias ou em poucas horas. E, quando se consegue isso, se ganha poder e prestígio entre os obreiros do mal.

"Aqui em seu plano, quando alguém descobre algo que agrada a todos, mesmo que faça mal, esse alguém fica logo muito rico e é tratado como um deus ao trazer algo de que todos gostam. Não é assim que as coisas funcionam aqui?"

— Sim, mas você pode nos dar um exemplo, Ventania?

— Os aparelhos de telefone que vocês têm hoje, por exemplo, são verdadeiras prisões psicológicas. Fazem uma destruição na mente dos jovens, aliás, na mente de todos. São como uma poderosa droga que vicia, desestimula, deprime e arruína mentes, tornando seus usuários verdadeiros zumbis, não são?

— Pior que é verdade, Ventania.

— Os jovens de hoje já não brincam mais. As telas, à sua frente, são suas melhores amigas, suas companheiras inseparáveis. Destroem sonhos e vidas. Os jovens estão alienados com as redes sociais, que, para eles, são tudo.

"Causam depressão, ansiedade, síndromes e muitas coisas que, com o tempo, todos vocês poderão observar.

"Os supostos amigos viraram seguidores que nunca tiveram nenhum contato pessoal com vocês. São amigos imaginários, virtuais, que nada lhes acrescentam, a não ser fama e destaque frente a outros amigos que não são amigos. É uma verdadeira rede imaginária destrutiva. Um verdadeiro núcleo destrutivo. Um mundo de zumbis.

"É uma legião de amigos que nunca foram ou serão amigos verdadeiros. Nem sequer tem alguma utilidade no processo evolutivo dos espíritos.

"As crianças de hoje são alienadas pelos próprios pais, que fogem da criação comum. É mais fácil dar um objeto que entreterá a criança do que se sentar com ela e brincar como ela realmente merece, estreitando o amor necessário ao respeito e ao sentido da vida e criando laços afetivos que nenhum obsessor consegue destruir.

"É uma ferramenta que parece libertadora, mas que, na verdade, é uma droga viciante, criando verdadeiros robôs e zumbis, Osmar."

— E qual é a consequência disso?

— Suicídios, depressão, tristeza, abandono, síndromes, obsessão e muito mais... São eles que trazem essas prisões para seus desafetos.

— Como assim, eles?

— Os cientistas do mal, poderosos obsessores. São eles que trazem essas tecnologias até vocês.

"É o lado negro da evolução...

"Elas têm por objetivo distanciar filhos de pais, amigos de amigos, pessoas de pessoas... Assim, eles agrupam espíritos através da mesma ideia, da mesma vontade e da mesma intenção, criando suas legiões de zumbis, que obedecem cegamente às suas ideologias.

"Posso lhe assegurar que se trata da obsessão modernizada."

— Meu Deus!

— Como combater isso, Osmar?

— Eu não faço a mínima ideia, Ventania.

— Indo até suas estruturas e as destruindo integralmente. As tecnologias implantadas na Terra pelos cientistas do mal estão cada dia mais intensas e modernas. Está na hora de agirmos.

— O que podemos fazer?

— Destruí-las.

— Como?

— Através da deametria.

— Deametria?

— Sim.

— O que é deametria?

— Uma técnica de desobsessão modernizada.

— Como assim?

— Eles não estão se aprimorando para destruí-los?

— Sim, eu concordo com você que, na verdade, muitas das tecnologias que descobrimos hoje fazem muito mal a todos nós.

— Se eles estão se modernizando, vocês também têm que se modernizar.

— Eu não havia pensado nisso.

— Pois estou aqui para lhes trazer a deametria.

— O que é?

— O que é o quê?

— Deametria.

— Eu já lhe disse, uma forma de desobsessão modernizada.

— Gostei do nome.

— Sou grato.

— E como praticá-la? O que podemos fazer?

— Vocês podem até achar que conseguem entrar nas profundezas do Umbral, que é onde estão essas estruturas, e destruí-las.

— Sim, na técnica da apometria se consegue isso.

— Ilusão, Osmar.

— Ilusão?

— Sim. Nenhum espírito consegue entrar nessas regiões se não estiver moralmente apto. Aproveito para lembrar que meu intuito não é menosprezar o que já foi feito. Minha missão é modernizar a forma com que vocês fazem a desobsessão, despertando pessoas como você, voltadas ao bem comum.

— Como assim, Ventania?

— Nenhum espírito encarnado, estando desdobrado, está apto a entrar nessas regiões e, muito menos, destruí-las. Somente acompanhados de espíritos habituados a esses lugares é que vocês terão êxito na tarefa desobsessiva.

— Nenhum?

— Nenhum espírito encarnado, como disse.

— E como poderemos entrar nessas regiões e destruir essas estruturas?

— Ao nosso lado.

— Ao lado de vocês?

— Sim, junto com quem está do lado de cá e está habituado a esses ambientes.

— Por quê?

— Você conhece bem a cidade em que vive?

— Mais ou menos.

— Se você não conhece sequer a cidade em que vive, imagine o Umbral.

— Eu não havia pensado nisso.

— Você conhece o país em que vive?

— Muito pouco.

— Você conhece seu planeta?

— Quase nada.

— Como vocês acham que podem entrar no Umbral e desacatar um poderoso mago, um cientista, um sacerdote, um líder, um governador, um prefeito, um deputado, um ministro ou um espírito que pratica o mal há milhares de anos?

— Meu Deus, que loucura...

— Pois bem, não há como entrar nesses lugares sem estar ao lado de alguém que, em primeiro lugar, tenha permissão para entrar e, em segundo lugar, seja profundo conhecedor não só do lugar, mas principalmente de quem você irá enfrentar, do inimigo à sua frente. Isso sem contar com a condição moral do espírito... Acha mesmo que um desregrado e mau-caráter vai conseguir desestruturar algo milenar?

"É uma tolice imensa achar que tem esse poder ou até mesmo esse direito e condição, principalmente estando desdobrado.

"Vocês são espíritos expiando na matéria para purgar todos os seus pecados. Como pode achar que tem o poder moral para lidar com o desconhecido?

"Acha mesmo que o obsessor, mago, sacerdote ou ministro não conhece toda a sua vida? Acha que ele não sabe o que você pensa quando não está sendo visto por pessoas? Acha mesmo que ele não o conhece, que não conhece suas fraquezas? Acha mesmo que ele não sabe onde busca os seus prazeres e pode usar isso para destruí-lo quando for trazido à mesa da desobsessão?

"A encarnação, Osmar, é laboratório evolutivo. Você vem à vida corpórea para purgar todo o mal que existe em si mesmo e não é capaz sequer de se compreender como espírito. Como quer destruir um obsessor, um mago ou um sacerdote treval?

"Todos os encarnados estão no mesmo barco. Não há entre vocês nenhum espírito perfeito.

"Se é imperfeito, como lidar com quem está há milhares de anos praticando o mal? Como enfrentar o desconhecido? Como adentrar regiões lideradas por poderosos espíritos trevais e simplesmente anulá-los? Quem você acha que é?"

— Meu Deus, o pior é que tudo isso é verdade. Somos muito imperfeitos.

— Se é tão imperfeito, precisa de ajuda.

— É verdade, Ventania.

— Somente ao lado de espíritos habituados a essas regiões é que vocês conseguirão êxito na tarefa desobsessiva.

"Somente ao lado de caboclos, pretos velhos, Exus, erês, boiadeiros, arquétipos, enfim, ao lado dos espíritos emissários dos orixás, que estão habituados a esses lugares, só assim conseguirão fazer a desobsessão segura."

— Que privilégio, caboclo!

— Osmar, eu vou lhe passar a técnica da deametria. Estude-a e coloque-a em prática aqui na Tenda Espírita Santa Catarina de Alexandria.

— Sou muito grato a você por mais essa oportunidade.

— Distribua para quem quiser saber, aprender e praticar.

— Pode deixar.

— Anote tudo com cuidado, pois a técnica precisa ser seguida passo a passo para que ninguém corra o risco de atrair para a encarnação atual um poderoso obsessor e, pela inocência, tornar-se vítima desses algozes. Cuidado para que ninguém seja capturado por eles.

"É necessário que estudem a obsessão, seus mecanismos e como eles agem sobre vocês. Devem também estudar os corpos sutis, os chacras, os campos vibracionais e tudo o que envolve o espírito."

— Deixe comigo. Eu vou fazer o melhor de mim.

— Faça isso. Eu estarei ao seu lado, lhe intuindo o que deve abordar nesse estudo.

— Sou grato, mais uma vez.

— Lembre-se de que o estudo da técnica e o ritual são o que lhes dará segurança para a prática da deametria.

"Não se deve praticar a deametria sem estar ao nosso lado. Nunca, Osmar."

— Pode deixar, meu amigo.

— Recorde que você nunca visitou as colônias e os planos espirituais, donde você escreve todos os seus livros, desacompanhado, porque ninguém pode estar na vida espiritual sem estar seguro. E a sua segurança é a nossa presença.

— É verdade. Eu nunca estive sozinho em nenhuma psicografia.

— Faça isso, explique isso, pratique isso, e você será muito útil a todos nós.

— Sou grato, mais uma vez, por essa oportunidade.

— Nós é que agradecemos por você se dispor ao serviço caridoso do amor.

Então, me despedi de Ventania e comecei a anotar tudo o que ele me passou.

A deametria é realmente uma técnica modernizada da desobsessão. Espero que seja útil àqueles que, como eu, desejam sempre fazer o bem, sem olhar a quem.

Lembro, neste livro, que não se deve nunca cobrar para realizar a técnica da deametria.

"Curem os enfermos, ressuscitem os mortos, purifiquem os leprosos, expulsem os demônios. Vocês receberam de graça; deem também de graça" (Mateus 10).

— Parabéns, Osmar!

— Parabéns pelo que, Lucas?

— Por ser escolhido pelo Ventania para codificar essa técnica perfeita de desobsessão.

— Sou grato por tudo o que vocês me oportunizam, Lucas.

— Vamos para o próximo passo?

— Sim. Mas quero deixar registrado que todas essas salas exigem do grupo envolvido dedicação ao estudo sistematizado, para que o objetivo da caridade seja atingido.

“De nada adianta o esforço físico sem a lição escolar.

“Médium tem que estudar…”

— Ótimo, Osmar.

— Obrigado, Lucas.

"

A vida é cheia de oportunidades evolutivas. Nunca as desperdice.

"

Osmar Barbosa

A TESCA

Passados dois anos da construção e inauguração do Hospital Amor e Caridade, percebemos que o número de pacientes que nos procurava sofrendo algum tipo de obsessão era muito grande. E todos apresentavam sinais de possessão, que, a nosso ver, é a forma mais grave da obsessão.

Precisávamos cuidar melhor desses irmãos.

Foi quando tive a ideia de procurar um imóvel próximo ao hospital para reabrir o centro de Umbanda, que eu havia fechado há alguns anos.

Ainda não havíamos recebido do Ventania a técnica da deametria. Meu pensamento era separar do hospital esse tipo de tratamento. Foi quando a casa ao lado do prédio do hospital, que era alugada, ficou desocupada.

Rapidamente procuramos o proprietário e alugamos o imóvel, que tinha um quintal grande, onde, após uma reunião em que foi acordado com o proprietário, iríamos construir um pequeno terreiro de Umbanda, visando exatamente tratar não só pacientes com processos obsessivos graves, mas também desenvolver os médiuns que trabalhavam no hospital.

As sessões de Umbanda sempre existiram em meu trabalho, mas eram e são raras.

Após alugar o imóvel, começamos a fazer campanhas a fim de arrecadar fundos para a construção do novo espaço.

Na primeira semana de obra, eu estava supervisionando a marcação das sapatas para que fossem erguidas as primeiras colunas, quando um senhor que frequentava o hospital parou o seu carro em frente ao imóvel da obra e me chamou.

— Seu Osmar?

— Olá, seu Carlos! Como está o senhor?

— Estou bem, meu amigo, e você?

— Estou aqui, em mais uma empreitada.

— Essa casa é sua?

— Não, alugamos para construir aqui um pequeno terreiro de Umbanda e também para concentrar nossos projetos sociais. Tínhamos alguns projetos. Nosso sonho é voltar com a nossa creche, e nada melhor do que ao lado do hospital.

— Então, é para isso que você alugou esse imóvel?

— Sim. Estamos até começando a marcar as sapatas. Precisamos correr — disse.

— Você está muito ocupado ou pode dar uma saidinha rápida comigo?

— O que houve?

— Quero mostrar uma coisa para você.

— Uma coisa?

— Sim, eu quero lhe mostrar algo.

— É demorado?

— Não, é rápido. Você pode ir comigo?

Pensei que ele estava precisando de alguma ajuda, mas que não queria falar ali.

— Posso, sim. Vamos?

— Vamos.

Entrei em seu carro e seguimos até sua propriedade, que fica a três quadras do nosso hospital.

Ele parou o carro e chamou seu caseiro para que abrisse uma cerca de arames. Ele queria me mostrar um lote de terreno onde havia uma linda plantação de mandioca.

Assim, o rapaz chegou, abriu a cerca e entramos no lote.

Caminhamos até a metade do lugar. Foi quando o amigo Carlos se aproximou de mim e perguntou:

— Então, gostou do terreno?

— É um lindo lote de terreno, meu amigo.

— Pois é seu.

— Meu?

— Sim, é seu. Não faça obra em terreno dos outros. Vou lhe dar este lote para você construir aqui o que quiser.

Confesso a vocês que minhas pernas bambearam de emoção. Meu coração saltitou de alegria com o gesto de um homem que enxergou em nosso trabalho a caridade.

— O senhor tem certeza?

— Meu filho, eu já estou velho. Tenho esta propriedade, que herdei dos meus pais. Boa parte dela eu já vendi. Outra parte já está separada para meus filhos e herdeiros. Sou um profundo admirador dos seus livros e do seu trabalho. Sei que lhe será muito útil este lugar. Já falei com a minha esposa e ela concordou com tudo.

Emocionado, perguntei:

— Posso lhe fazer um pedido?

— Claro.

— Não se chateie, mas não acho justo com seus herdeiros.

— Meus herdeiros não precisam destas terras. Como disse, a parte deles já está separada e meus filhos não precisam disto aqui. Pare aquela obra que você está fazendo no terreno alheio e construa aqui o que você quiser. Minha única exigência é que você use este lugar para ajudar pessoas.

— Fique certo de que este será mais um lugar de caridade e amor ao próximo, meu amigo.

Apertei a mão do amigo Carlos e o abracei.

Assim surgiu a Tenda Espírita Santa Catarina de Alexandria, o nosso terreiro de Umbanda, local onde realizamos os atendimentos com a deametria e onde temos a intenção de reabrir nossa creche.

Logo após a inauguração, que demorou mais de um ano, devido à pandemia de covid-19, abrimos o terreiro. Apenas três meses após sua inauguração, recebemos do Caboclo Ventania a técnica da deametria, como informada neste livro.

O rito que usamos na Umbanda é Umbanda branca de demanda, rito trazido pelo Caboclo das Sete Encruzilhadas através do médium Zélio Fernandino de Moraes.

Tenho em vista seguir os princípios do médium Zélio. Embora não o tenha conhecido pessoalmente, sou um admirador da coragem e da missão daquele médium.

Atualmente, estamos atendendo uma vez por mês na deametria. Sempre aproveitamos esse encontro para cuidar do corpo mediúnico do hospital, pois tenho plena consciência de que todo médium precisa de cuidados, ainda mais em se tratando daqueles que trabalham com cura e em processos desobsessivos.

Acredito que a mediunidade sem o estudo e as imersões de aprofundamento nas obras psicografadas por outros médiuns e o estudo sistematizado da Doutrina dos Espíritos através do pentateuco espírita, das vivências com a mediunidade e também do universo espiritual que nos envolve não nos capacita para trabalhar ao lado de espíritos superiores. Por isso, na TESCA, além de funcionarem a deametria e a Umbanda, temos a escola de Umbanda, onde ministramos anualmente um curso gratuito de Umbanda para todos os interessados.

Como dispomos de um espaço razoável, está em nosso projeto ampliarmos nossos projetos sociais utilizando parte da estrutura do terreiro para outros tipos de amparo aos mais necessitados.

Estamos trabalhando para isso.

Os médiuns que trabalham no hospital e na deametria recebem um cuidado especial da diretoria espiritual. Entendemos que a relação entre o plano físico e o plano espiritual inspira cuidados, para que ninguém sofra por ser médium.

Mediunidade não é uma doença. Temos plena consciência disso. Mas ela pode causar transtornos ao médium quando não exercida ou exercida equivocadamente.

Assim, hoje a estrutura do hospital é completa. Tratamos todos os tipos de doenças espirituais através das salas de atendimento.

Dispomos de sete salas:

- Sala 1 — Passe.
- Sala 2 — Refazimento perispiritual.
- Sala 3 — Corrente de cura.
- Sala 4 — Centro cirúrgico.
- Sala 5 — Câmara de desobsessão.
- Sala 6 — Deametria (TESCA).
- Sala 7 — Atendimento na Umbanda.

Também há o salão principal, onde são ministradas as palestras e onde são oferecidos os cursos, seminários e eventos.

Essa é a nossa estrutura. Você não precisa ter tudo isso para começar a cuidar dos nossos irmãos doentes.

O que é necessário compreender é que não é somente o paciente encarnado que está doente. Na maioria das vezes, quem está em pior condição é o espírito que obsedia alguém, persegue seus desafetos ou está ligado a um encarnado por laços preexistentes.

O mais importante é que o estudo seja sistematizado e que todos estejam envolvidos em suas melhoras, buscando intelectualizar-se sempre, pois, como dizem nossos amigos do plano espiritual, médiuns que não estudam são ferramentas enferrujadas.

Todas as quartas-feiras, nos reunimos em diversas salas, estudando temas diferentes. Temos aulas para os médiuns iniciantes, para os médiuns já preparados, para os médiuns mais antigos e para os visitantes e o público.

O importante é estudar, estudar, estudar…

Em nosso trabalho, nos lembramos sempre do que disse Emmanuel ao Chico quando esse descobriu sua missão espiritual: "Disciplina, disciplina, disciplina…"

— Muito bem, Osmar.

— Sem você ao meu lado, aliás, sem vocês ao nosso lado, nada do que escrevemos teria acontecido, Lucas.

— O que todos os espíritas devem se conscientizar é de que a missão do Espiritismo não se resume a um pequeno grupo de pessoas e amigos que desejam a salvação através da caridade, sem consolo, união, fé e amor. A grande missão dos espíritas cristãos é levar aos quatro cantos do Universo a palavra de salvação na linguagem daqueles que já expiaram entre vocês e que trabalham incansavelmente para o progresso da humanidade, pois agora nos vemos em essência, e essa essência é divina. Todos devem exercer a essência divina, divinamente em prol de todos os espíritos, estejam eles onde estiverem.

— Obrigado, Lucas.

— Deus abençoe o trabalho de vocês.

— Amém...

Assim, finalizamos esta obra.

Vamos ao trabalho?

Fim

“

Médium que não estuda é ferramenta enferrujada;
não tem utilidade.

”

Lucas

Depoimentos

Paciente: Valéria O. R. dos Santos, 48 anos

Testemunho: Cheguei ao Hospital Amor e Caridade levada por uma amiga que frequentava o lugar.

Minha doença: carcinoma ductal infiltrante gravidade III.

Cheguei ao hospital muito fragilizada com a doença. Estava fazendo tratamento de quimioterapia e, logo depois, fiz a cirurgia e me foi recomendada a radioterapia.

Antes, os médicos ficaram muito preocupados com o diagnóstico, mas, após todo o tratamento, que transcorreu com sucesso, todos se alegraram com o milagre que havia acontecido comigo. Paralelo ao tratamento no hospital dos homens, eu realizei algumas cirurgias espirituais no Hospital Amor e Caridade. O que mais me surpreendia sempre que eu ia lá era o carinho dos mentores espirituais que me operavam no hospital, sempre me confortando, dizendo: "Fique tranquila. Você será curada."

Só quem passa por isso sabe como é difícil acreditar na cura...

Hoje volto para agradecer a toda a equipe.

Meu muito obrigada, por tudo o que vocês fizeram por mim.

Estou curada, com recomendação de exames anuais só para acompanhar, mas, como sempre me disseram os mentores, "você está curada".

Gratidão!

Paciente: Carlos Alberto do Nascimento, 66 anos

Testemunho: Cheguei ao Hospital Amor e Caridade por meio de amigos que conheciam o lugar e sempre me falavam das curas que lá aconteciam.

Após um acidente, apareceu uma úlcera em minha perna. Fui a vários angiologistas, fiz várias cirurgias e, por último, passei por um tratamento no setor de feridas do HUAP em Niterói.

Nenhum desses tratamentos funcionaram e, pior, os médicos que me atendiam não conseguiam fechar um diagnóstico preciso.

Peregrinei por mais de dez anos em busca de minha cura. Foi quando me indicaram que procurasse o Hospital Amor e Caridade.

Ao chegar, fui muito bem recebido pela equipe, que logo me indicou para fazer algumas cirurgias espirituais. E, por incrível que pareça, a ferida, aberta há anos, se fechou por completo.

Hoje sou um homem feliz e curado.

Faço meu depoimento para que outras pessoas que estejam doentes como eu estava não tenham receios em procurar esse lugar de luz, onde todos somos tratados como irmãos.

Gratidão a todos do Hospital Amor e Caridade.

Paciente: Fernanda Miguel Delfino, 34 anos

Testemunho: Cheguei ao Hospital Amor e Caridade por meio de pesquisa na internet. Desiludida, mas esperançosa, sempre acreditei que eu poderia ser ajudada pelo plano espiritual. Foi assim que procurei o atendimento no hospital.

Eu havia passado por uma cirurgia de reimplante de ureter e não conseguia engravidar.

Os médicos diziam que, para que eu conseguisse engravidar, só seria possível por fertilização. Meus exames estavam ótimos, mas nem assim eu conseguia realizar meu sonho de ser mãe.

Eu lembro que os médicos não sabiam me explicar por que tanta dificuldade — fato é que eu não engravidava.

Foi quando deixei tudo de lado e me entreguei aos tratamentos espirituais no Hospital Amor e Caridade. Minha cura foi com muita fé. Eu sabia que, através da cirurgia espiritual, seria curada.

Hoje sou a mãe mais feliz do Universo e sou grata, muito grata a toda a equipe do Hospital Amor e Caridade.

Paciente: Vanessa Costa da Cruz, 44 anos

Testemunho: Minha cura se deu pelas cirurgias espirituais e pelos tratamentos médicos que fiz. Porém, foi no pior momento que resgatei a minha fé, e o Hospital Amor e Caridade foi essencial para isso.

Foi a partir daí que fiquei fortalecida, pois as idas ao hospital me fizeram ficar otimista e forte e me fizeram acreditar na minha cura.

Fiz algumas cirurgias com os médicos do Hospital Amor e Caridade. Tenho certeza de que lá também viria minha cura. Foi nesse lugar que redescobri minha fé. Foi nesse lugar que refleti sobre muitas atitudes minhas. Foi nesse lugar que relembrei que nossa missão nesta Terra é ajudar o próximo e que a morte não é o fim…

Serei eternamente grata a esse lugar eternamente abençoado e também à minha amiga Rosana, por ter me levado ao Hospital Amor e Caridade.

Obrigada a todos e muita gratidão!

Paciente: Yago Oliveira de A. Felix, 23 anos

Testemunho: Sofri uma lesão séria, e esse acidente me causou o rompimento parcial do ligamento cruzado anterior. Por meio de parentes e amigos, cheguei a esse abençoado lugar. Passei a frequentar o hospital seguindo a orientação dos médicos espirituais.

Inicialmente, após a lesão, um amigo ortopedista examinou meu caso e achou que eu provavelmente teria que realizar a cirurgia. Com o exame em mãos, fui a outro médico e, logo de cara, foi constatada uma frouxidão no joelho. Com isso, foram pedidos todos os exames pré-operatórios para marcar a cirurgia.

Após me preparar e realizar todos os exames solicitados, fiquei aguardando o médico marcar a cirurgia. Acontece que, ao ser recebido no Hospital Amor e Caridade, o mentor espiritual me encaminhou para as cirurgias espirituais — foi um total de oito e, a cada cirurgia espiritual que eu fazia, me sentia melhor. O milagre estava acontecendo…

Após realizar todas as cirurgias espirituais, voltei ao médico pouco antes de marcar a cirurgia física. Ele novamente me examinou, pois estava surpreso com a minha melhora. Então, ele me chamou surpreso ao examinar e verificar que a frouxidão já não mais existia e que todos os ligamentos estavam intactos…

O próprio médico se surpreendeu e argumentou que a única explicação para minha recuperação total em tão pouco tempo seria por meio de cirurgias espirituais, o que confirmei.

Então, feliz, ele me disse: “Você está totalmente recuperado”.

Paciente: Sônia da S. Barreto, 47 anos

Testemunho: Cheguei ao Hospital Amor e Caridade levada por uma amiga que me deu alguma esperança.

Eu havia descoberto um câncer de mama que me tirou do prumo. Minha vida estava indo tão bem, mas como lidar com o câncer naquele momento?

Ao chegar, fui recebida com tanto carinho, que algo mudou dentro de mim... Como assim, pessoas dedicadas ao amor incondicional? Eu não entendia naquele momento como poderia haver pessoas assim. Esse não era o mundo em que eu vivia...

Eu estava fazendo quimioterapia para diminuir o tumor e realizar a cirurgia no plano físico. Após a entrevista inicial, o médium me indicou algumas cirurgias espirituais, que fiz com muita fé. Eu me lembro de que, todas as vezes que me deitava na maca para a cirurgia, eu chorava emocionada. Parecia que alguém do plano espiritual tocava em mim. O mentor sempre me dizia: “Você ficará bem. Confie...” Dois meses depois, fui para a cirurgia para a retirada do tumor e, ao acordar, o médico me procurou para me dizer que a cirurgia havia sido um sucesso e que o tumor estava encapsulado.

Perguntei o que era aquilo. Ele me disse que uma membrana havia revestido o caroço e sufocado as forças.

Lembrei-me imediatamente do médico espiritual que me disse uma vez durante a cirurgia espiritual que estava encapsulando meu tumor. Chorei emocionada. Estou totalmente curada e agradeço com todo o meu amor a esse lugar de luz e amor incondicional.

Paciente: Célia Regina Oliveira, 53 anos

Testemunho: Cheguei ao Hospital Amor e Caridade totalmente descrente da vida. Eu havia descoberto um câncer de mama e, psicologicamente, já havia desistido.

Fui recebida com carinho e atenção por todos os trabalhadores desse lugar de luz.

Foram indicadas para mim cirurgias espirituais. Assim, comecei meu tratamento imediatamente, pois, segundo o médium que me atendeu na entrevista, meu caso era sério e os mentores indicavam atendimento emergencial.

Na primeira semana, já comecei a me sentir melhor. Eu estava mais confiante em minha cura. Eu ouvia muitos relatos de pessoas que estavam ali gratas pelas curas alcançadas e isso me motivava a não desistir de mim.

Continuei com minha quimioterapia até que, após um exame, o médico marcou a minha cirurgia, que ocorreu na semana seguinte. Para a minha surpresa e de todos na sala de cirurgia, meu câncer estava encapsulado. O tumor estava totalmente revestido por uma membrana que o fez perder a força e morrer. Parecia uma bola de massa morta quando o médico o tirou.

Quando fui para o quarto, o médico me procurou e me perguntou se eu havia feito alguma cirurgia espiritual. Eu disse que sim. Foi então que ele disse: "Parabenize o médico do astral. Você está curada." Sou e serei eternamente grata a todos do Hospital Amor e Caridade.

Paciente: Nelson Filho, 37 anos

Testemunho: Sofri uma séria lesão de rompimento de todos os ligamentos do meu tornozelo.

Orientado pelo meu pai, procurei auxílio no Hospital Amor e Caridade antes de passar pelo procedimento cirúrgico no plano material.

Fiz diversas cirurgias e, após dois meses de tratamento, repeti o exame de imagens do meu pé, o que surpreendeu não só a mim, mas a toda a equipe médica, pois se via nitidamente que os ligamentos tinham sido religados por meio de uma cirurgia.

Sou muito grato a todos, principalmente ao senhor Osmar, que uma vez me disse: "Você vai ficar curado".

Voltei a jogar vôlei, o esporte que sempre amei.

Obrigado a todos do Hospital Amor e Caridade.

Paciente: Benedito Ferreira Nunes, 69 anos

Testemunho: Eu sofria com dores de coluna e dores nas pernas. Quase não conseguia dormir. Tomava remédios fortíssimos para poder andar.

Comecei a usar bengala para poder caminhar. Foi quando minha esposa me convenceu a ir ao Hospital Amor e Caridade.

Ela já frequentava lá e sempre me dizia das curas que presenciava todos os dias naquele lugar.

A dor me fez rever meus conceitos, até o dia em que, não suportando mais sofrer, decidi aceitar seu conselho e fui com ela ao hospital.

Os médicos me indicaram uma cirurgia para colocar uma prótese, e hoje tenho certeza de que o medo foi o que me impulsionou a ir ao hospital com minha mulher.

Chegando lá, passei pelo atendimento que eles fazem e logo me indicaram a cirurgia espiritual.

Após dois meses de tratamento, estou totalmente curado. Hoje nem uso mais a bengala.

Deixo este testemunho verdadeiro a todos aqueles que precisam de ajuda. Procurem o Hospital Amor e Caridade.

Paciente: Carlos Augusto do Nascimento, 55 anos

Testemunho: Meu caso era bem sério. Eu estava em depressão profunda quando fui levado pela minha irmã ao Hospital Amor e Caridade.

Eu já não existia mais... Não bebia, não comia e estava quase morto, trancado em meu quarto escuro.

Foi com esse quadro que cheguei ao Hospital Amor e Caridade. Fui levado para uma sala enorme, onde um médium se aproximou de mim e colocou um chumaço de algodão embebecido em éter no meu peito e outro em minha garganta.

A cada cirurgia espiritual que eu fazia, me sentia melhor. Dia após dia, fui melhorando.

Por indicação do pessoal do hospital, continuei com o tratamento médico, que havia abandonado.

E olhe que até o suicídio eu havia tentado. Tinha tomado um vidro de chumbinho, remédio para matar rato.

Hoje sou um homem totalmente recuperado. Estou feliz e curado totalmente da depressão.

Trabalho fazendo caridade sempre que posso.

Agradeço de coração a todo o pessoal do Hospital Amor e Caridade. Que Deus continue abençoando esse lugar onde todos são tratados com respeito, amor e carinho!

Obrigado por tudo.

"

Dedico este livro aos médiuns, tarefeiros, voluntários, colaboradores, amigos, parceiros, colegas e todos aqueles que, um dia, dedicaram um pouco da sua vida ao Hospital Espiritual Amor e Caridade.
A todos, meu muito obrigado.

"

Osmar Barbosa

Outros títulos lançados por Osmar Barbosa

Conheça outros livros psicografados por Osmar Barbosa.
Procure nas melhores livrarias do ramo ou pelos sites de vendas na internet.

Acesse

www.bookespirita.com.br

www.compralivro.com.br

Cinco Dias no Umbral
OSMAR BARBOSA
Pelo Espírito de Nina Brestonini

O Guardião da Luz
OSMAR BARBOSA
Pelo Espírito de Daniel

OSMAR BARBOSA
ANTES QUE A MORTE NOS SEPARE

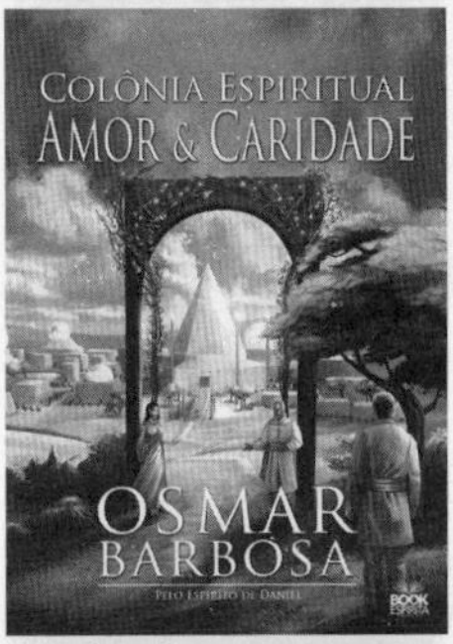
Colônia Espiritual Amor & Caridade
OSMAR BARBOSA
Pelo Espírito de Daniel

pelo Espírito Nina Brestonini
ONDAS da Vida
OSMAR BARBOSA

A BATALHA DOS ILUMINADOS
OSMAR BARBOSA
Pelo Espírito Daniel

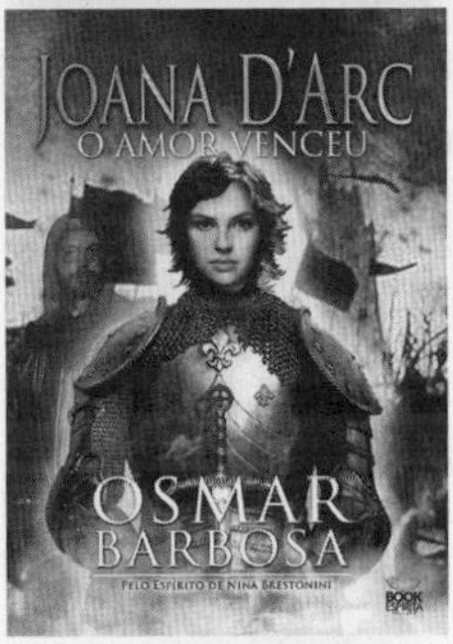
JOANA D'ARC
O AMOR VENCEU
OSMAR BARBOSA
Pelo Espírito de Nina Brestonini

OSMAR BARBOSA
Pelo Espírito de Nina Brestonini
ALÉM DO SER
A História de um Suicida

OSMAR BARBOSA
Pelo Espírito Lucas
EU SOU EXU

Osmar Barbosa
Pelo espírito Daniel
Orai & Vigiai

500 almas
OSMAR BARBOSA
Pelo Espírito de Nina Brestonini

OSMAR BARBOSA
Pelo Espírito do Cigano Rodrigo
Gitano
As vidas do Cigano Rodrigo

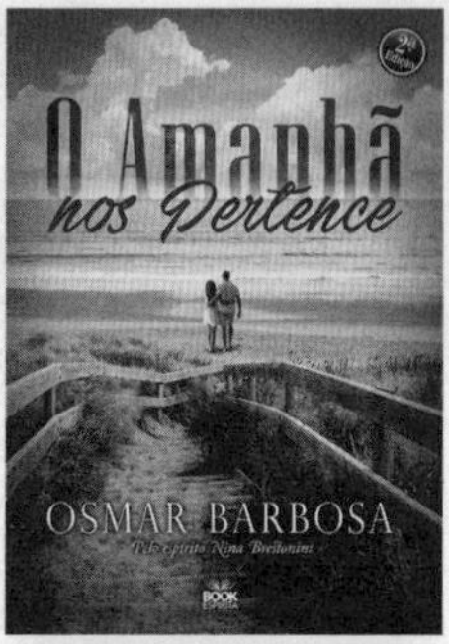
O Amanhã
nos Pertence
OSMAR BARBOSA

Mãe,
voltei!
OSMAR BARBOSA
PELO ESPÍRITO NINA BRESTONINI

Entre Nossas
Vidas
OSMAR
BARBOSA
PELO ESPÍRITO DE NINA BRESTONINI

O Lado
Azul da
Vida
OSMAR
BARBOSA

OSMAR
BARBOSA
DEPOIS...

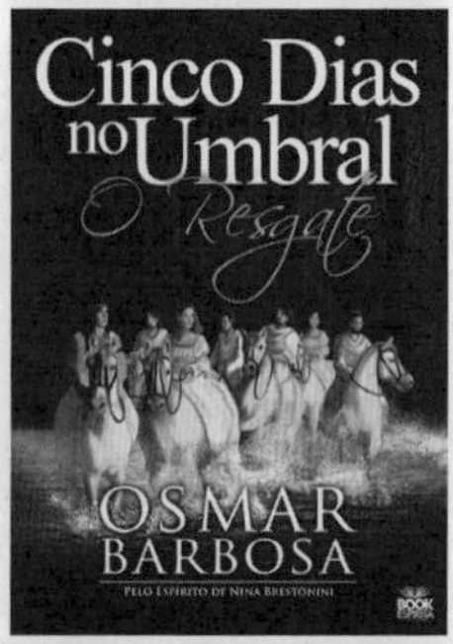
Cinco Dias
no Umbral
O Resgate
OSMAR
BARBOSA
PELO ESPÍRITO DE NINA BRESTONINI

O
LADO
OCULTO
DA
VIDA
OSMAR
BARBOSA
PELO ESPÍRITO DE DANIEL

Entrevista
com
Espíritos
Os Bastidores do Centro Espírita
por
OSMAR
BARBOSA

VINDE A MIM
O Evangelho no Lar
OSMAR
BARBOSA

COLÔNIA ESPIRITUAL
AMOR & CARIDADE
Dias de Luz
OSMAR
BARBOSA

OSMAR
BARBOSA
PELO ESPÍRITO DE LUCAS
Amigo
Fiel

IMPUROS
A Legião de Exus
OSMAR
BARBOSA
PELO ESPÍRITO DE LUCAS

O Médico de
DEUS
OSMAR
BARBOSA

AUTISMO
A ESCOLHA DE NICOLAS
OSMAR
BARBOSA

OSMAR
BARBOSA
Cinco Dias
no Umbral
O Perdão

UMBANDA
PARA
INICIANTES
OSMAR
BARBOSA

OSMAR BARBOSA
PARAFRASEANDO
CHICO
XAVIER
Seleção das mais belas frases
de Chico Xavier

OBSESSOR
OSMAR BARBOSA

Acordei no
UMBRAL
OSMAR
BARBOSA

ROMANCE ESPÍRITA
A ROSA
DO CAIRO
OSMAR
BARBOSA

REGENERAÇÃO
UMA
NOVA
ERA
OSMAR BARBOSA

DEIXE-ME Nascer
OSMAR BARBOSA

A
Vida
depois da
Morte
OSMAR BARBOSA

DEAMETRIA
HOSPITAL AMOR E CARIDADE
OSMAR BARBOSA

DEAMETRIA
A Desobsessão Modernizada
OSMAR BARBOSA
pelo Espírito CABOCLO VENTANIA
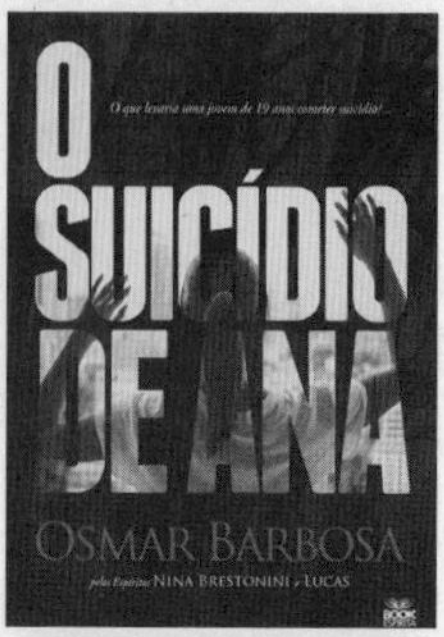
O SUICÍDIO DE ANA
OSMAR BARBOSA
pelo Espírito NINA BRESTONINI e LUCAS

pelo Espírito LUCAS
ACONTECEU NO UMBRAL
OSMAR BARBOSA

GUARDIÃO
EXU
OSMAR BARBOSA
pelo Espírito LUCAS
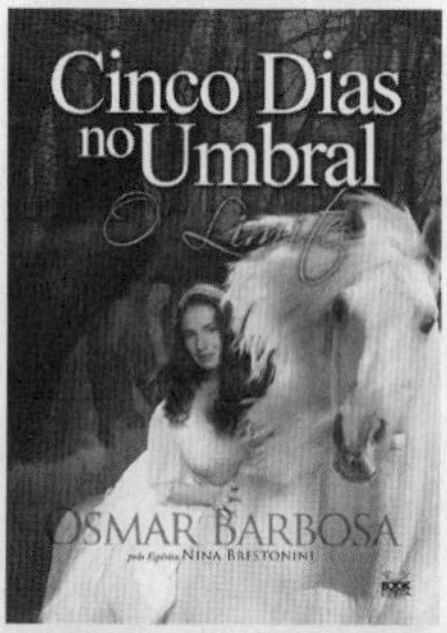
Cinco Dias no Umbral
O Limite
OSMAR BARBOSA
pelo Espírito NINA BRESTONINI

pelo Espírito LUCAS
SUPERIOR TRIBUNAL ESPIRITUAL
A JUSTIÇA DIVINA
OSMAR BARBOSA
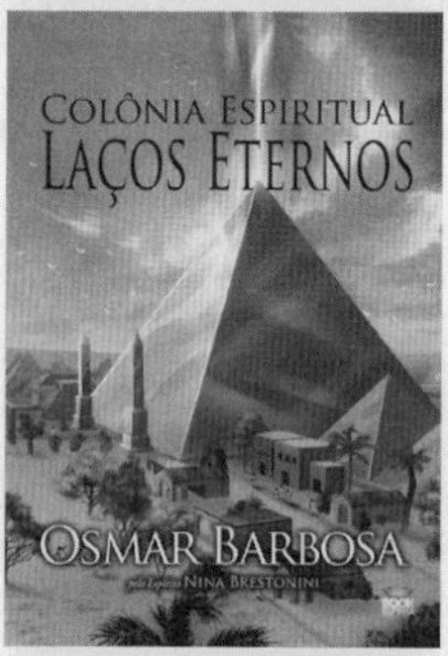
COLÔNIA ESPIRITUAL
LAÇOS ETERNOS
OSMAR BARBOSA
pelo Espírito NINA BRESTONINI
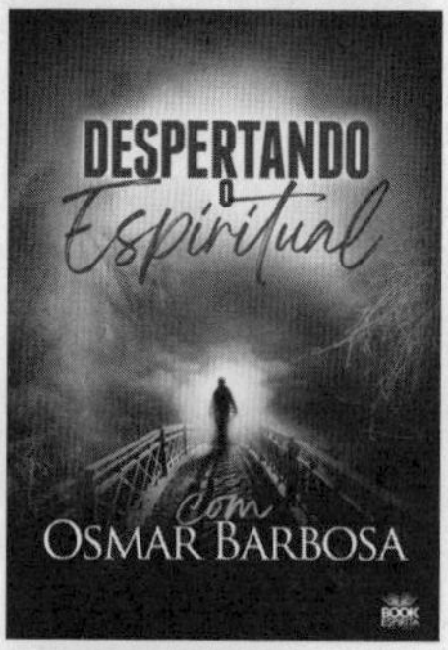
DESPERTANDO o Espiritual
com
OSMAR BARBOSA

pelo Espírito LUCAS
UM ESPÍRITA NO UMBRAL
OSMAR BARBOSA

OSMAR BARBOSA
O DIÁRIO de um SUICIDA
pelo Espírito LUCAS

Por que VOCÊ MORREU?
OSMAR BARBOSA
pelo Espírito NINA BRESTONINI
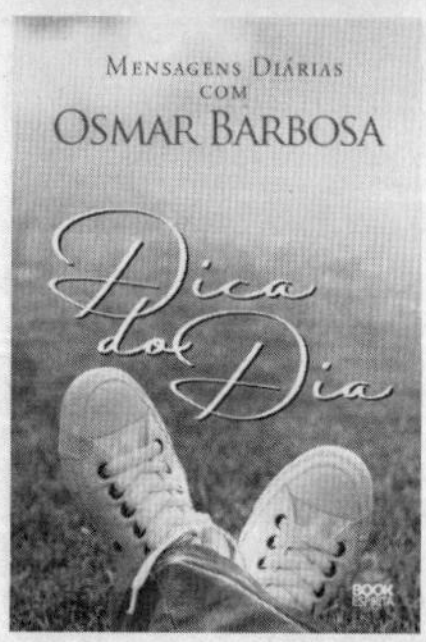
MENSAGENS DIÁRIAS COM
OSMAR BARBOSA
Dica do Dia

EXILADOS
DO
PLANETA
TERRA
OSMAR BARBOSA
pelo Espírito LUCAS

BEM VINDO
AO
UMBRAL
OSMAR BARBOSA
pelo Espírito LUCAS

OSMAR BARBOSA
O
Diário
de um MORTO
pelo Espírito LUCAS

OSMAR BARBOSA
A GAROTA
DO BALÃO
pelo Espírito LUCAS

pelo Espírito NINA BRESTONINI
O OUTRO
LADO DA VIDA
OSMAR BARBOSA

OSMAR BARBOSA
pelo Espírito RAFAEL
Um Obsessor
no
Centro Espírita

NINA BRESTONINI E OUTROS ESPÍRITOS
ORIENTAÇÕES DO Além
OSMAR BARBOSA

pelo espírito NINA BRESTONINI
Em Busca
do
TEMPO PERDIDO
OSMAR BARBOSA

O LIVRO
PROIBIDO
MARABÔ
OSMAR BARBOSA

pelo espírito NINA BRESTONINI
DEPRESSÃO
A VIDA SEM MIM
OSMAR BARBOSA

BOOK ESPÍRITA EDITORA

Esta obra foi composta
na fonte Century751
No2 BT, corpo 13.
Rio de Janeiro, Brasil.